Dr. Gertrud Scherf

Der Heilgarten

Heilkräfte der Blütenpflanzen und Kräuter im eigenen Garten nutzen

LUDWIG

Inhalt

Goldmohn bereichert mit seinem leuchtenden Gelb den Garten und wirkt als Heiltee schlaffördernd.

Die Pfingstrose (Paeonia officinalis) wurde schon im 12. Jahrhundert in unseren Klostergärten als Arzneipflanze kultiviert.

Der intensiv duftende Lavendel wird auch als Würzmittel und beruhigender Tee verwendet.

Vorwort

Was hat die Stockrose mit der Schafgarbe, der herbe Salbei mit dem
Huflattich, der duftende Lavendel mit
der Schlüsselblume gemeinsam? Alle
diese Pflanzen besitzen heilende
Kräfte. Während manche Pflanzen
seit alters verwendete Heilpflanzen,
etwa die Kamille, auch heute noch
geschätzt werden, geriet die gesund-
heitsfördernde Kraft vieler Zierpflanzen in Vergessenheit.

Wer sieht in einer Rose heute noch
etwas anderes als eine wunderschöne
Blume, die uns mit ihren Blüten erfreut? Und doch gelangte sie unter
dem sprechenden Namen »Apothekerrose« im Mittelalter zuerst wegen
ihrer Heilqualitäten in unsere Gärten.
Kaum jemand erinnert sich heute an
die fiebersenkende Wirkung der Sonnenblume oder an die reizlindernde
Kraft der prächtigen Malve. In früheren Jahrhunderten war das anders.
Viele Zierpflanzen wurden vor allem
wegen ihrer heilenden Kräfte in den
Gärten gezogen. Erst in späterer Zeit
erfreute man sich an der reinen
Schönheit der Pflanzen mit ihren Blütenfarben und Düften.

*Aus dem gelb blühen-
den Johanniskraut
gewinnt man wund-
heilendes Rot-Öl und
schlaffördernden Tee.*

In einem Heilgarten
vereinen sich Farbe
Duft und Schönheit
der Pflanzen mit dem
Nutzen, den ihre hei-
lenden Wirkstoffe
für Hausapotheke,
Küche und Schön-
heitspflege bieten.

Altes Wissen nutzen

Die meisten heilenden Pflanzen, die
ich Ihnen in diesem Buch vorstelle,
wurden schon vor Jahrhunderten in
Gärten von Klöstern, Burgen, Bürger-
häusern oder Bauernhöfen gezogen.
Andere Pflanzen sammelte man von
alters her auf Wiesen und in Gehölzen wie Eibisch, Lungenkraut und
Schlüsselblume. In diesem Buch finden Sie in einem ausführlichen Pflan-
zenkatalog die Heilwirkungen der
Zier- und Wildpflanzen, die in einem
Heilgarten wachsen sollten.

Ein Garten für die Sinne

Farbe, Duft und Form verschiedener
Blüten und Pflanzen wirken unmittelbar auf unsere Sinne und machen aus
einem Garten einen erholsamen Ort
für Körper, Geist und Seele.
Nicht ohne Grund werden Farben
und Düfte in Therapien zur Heilung
eingesetzt. Das Rot einer Blüte wirkt
belebend, Blau entspannt und beruhigt, Gelb kräftigt und aktiviert, Weiß
beruhigt und klärt. Düfte aktivieren
unser Gedächtnis und beeinflussen
unser Befinden. Ein vom Wohlgeruch
der Veilchen, des Flieders oder der
Rosen durchströmter Garten tut gut.

Heilkäfte der Natur

Wie vielfältig Heilpflanzen eingesetzt werden können, vermitteln Ihnen die Rezepte in diesem Buch.

Die Verwendung beginnt bereits bei der Ernährung. Eine Frühlingssuppe aus Bärlauch, Gundermann und anderen Wildpflanzen sieht schön aus, schmeckt ausgezeichnet und wirkt Gutes für die Gesundheit.

Veilchen, Ringelblumen, Borretsch oder Kapuzinerkresse eignen sich als essbarer Tischschmuck.

Die heilende Kraft der Pflanzen entfaltet sich nicht zuletzt in konzentrierter Form als Tee oder Badezusatz. Der Duft des Lavendels etwa stärkt das Gemüt, seine Blüten wirken als Badezusatz über die Haut und als Tee im gesamten Körper. Auch in der Kosmetik zeigt sich die ausgleichende Wirkung von Pflanzen. Ein selbst gemachtes Gesichtswasser aus Salbeifiltrat erfrischt die Haut und Gingoblätter bringen beispielsweise mattes Haar zum Glänzen.

Die Pflege des Heilgartens

Lassen Sie sich nicht entmutigen, wenn Sie nicht genug Platz für einen eigenen Heilpflanzengarten haben.

Schon aus einem schmalen Vorgarten lässt sich ein heilsames Pflanzenparadies schaffen. Denn entscheidend ist nicht die Größe des Gartens, sondern die überlegte, kenntnisreiche Auswahl der Pflanzen nach Heilkraft, Duft und Harmonie der Farben.

In diesem Buch erfahren Sie, was in unseren »gewöhnlichen« Gartenpflanzen so alles steckt, wie Sie die Heilpflanzen passend für Ihre Bedürfnisse auswählen und wie Sie die Pflanzen hegen, pflegen und im Dienst Ihres Wohlbefindens anwenden.

Ein Heilgarten verwandelt ein noch so bescheidenes Fleckchen Erde in einen Ort der Kraft und Erholung.

Dr. Gertrud Scherf

Duftende Blüten und Kräuter aus dem Heilgarten sind im Alltag vielseitig einsetzbar.

Die Gärten auf der Fraueninsel im Chiemsee kommen unserer Vorstellung von mittelalterlichen Klostergärten sehr nah.

Gärten sind von alters her Oasen der

Ruhe und Erholung, aber sie liefern auch

Arznei für Körper und Seele.

Vom Paradies
zum Hausgarten

Seit Jahrtausenden legen Menschen Gärten an. Dabei stand zunächst die Notwendigkeit der Erzeugung von Nahrung, später zudem von Heil- und Würzmitteln im Vordergrund. Zu jeder Zeit war der Garten jedoch auch ein Ort zum Wohlfühlen.

Paradiesgärten

Im alten Perserreich, dessen Herrschaftsgebiet nach der Einnahme von Babylon im Jahr 538 v. Chr. im Westen bis Ägypten und Griechenland, im Osten bis China reichte, entstanden Gärten, die als »Pairidaeza« bezeichnet wurden. Ein solcher Garten war von Mauern umgeben, in ihm wuchsen Bäume sowie schöne, duftende Pflanzen. Vögel und Tiere lebten im Garten, Bewässerungssysteme sorgten für die erforderliche Feuchtigkeit. Unser Wort »Paradies« stammt von der altpersischen Bezeichnung für den Garten ab. Eine Vorstellung vom Aussehen altägyptischer Gartenanlagen vermitteln uns Texte und Abbildungen auf Grabwänden. Diese Gärten waren streng gegliedert: In einem Rechteck angeordnete Baumreihen umschlossen ein von Blumen umrandetes, rechteckiges Wasserbecken. Eine Mauer grenzte den Garten nach außen ab.

Ähnlich schildert das Alte Testament den Garten Eden: »*Gott pflanzte in Eden einen Garten und setzte den Menschen hinein. Im Garten ließ Gott allerlei Bäume aufwachsen, lustig anzusehen und gut zu essen. In die Mitte des Gartens pflanzte er den Baum des Lebens und den Baum der Erkenntnis des Guten und Bösen. Von Eden ging ein Strom aus und wässerte den Garten.*«

Später wurde für den Garten Eden der persische Begriff übernommen und als »Pardes« ins Hebräische übertragen. In den ersten Übersetzungen der Bibel ins Griechische hieß der Garten Eden dann »Paradeisos«. Ein weiterer biblischer Garten erscheint im Hohen Lied Salomons (4. Kapitel, Vers 12 – 14): »*Meine Schwester, liebe Braut, du bist ein verschlossener Garten, eine verschlossene Quelle, ein versiegelter Born. Deine Gewächse sind wie ein Lustgarten von Granatäpfeln mit edlen Früchten, Zyperblumen mit Narden. Narde und Safran, Kalmus und Zimt, mit allerlei Bäumen des Weihrauchs, Myrrhen und Aloe mit allen besten Würzen.*«

Seit Jahrtausenden wird in der Vorstellung der Menschen das Paradies mit einem herrlichen Garten gleichgesetzt.

Antike und islamische Gärten

Im antiken Griechenland dienten Gärten zunächst vorwiegend dem Obst- und Weinanbau. Erst als die nach Athen zurückkehrenden Soldaten Alexander des Großen im 4. Jahrhundert vor Christus von den persischen Paradiesgärten berichteten, begannen vornehme Athener ihre Gärten ebenfalls als Paradiesgärten zu gestalten.

In der griechischen und römischen Antike spielten am oder im Haus gelegene Gärten später eine große Rolle. Den Typ des von Säulen umgebenen Peristylgartens kennen wir durch Ausgrabungen in Pompeji. Auch die Araber übernahmen nach der Eroberung Persiens im 8. Jahrhundert die Idee des Paradiesgartens und entwickelten ihn zum islamischen Garten. Er sollte als Paradies auf Erden Vorgeschmack auf das liefern, was den gläubigen Muslim im Jenseits erwartet. Als Wüstenbewohner verbanden die Araber mit dem Paradies fließendes Wasser, Schatten spendende Bäume, wohl schmeckende Früchte, Blumenpracht und Schutz.

Stammt aus der Familie der Rosengewächse – die Erdbeere.

Der römische Garten bestand aus einem von Säulen umgebenen Innenhof mit üppig blühenden Blumen, Bäumen und einem Wasserbecken.

Gärten im Mittelalter

Die römischen Gärten waren Vorbild für unsere mittelalterlichen Klostergärten. Die früheste erhaltene Skizze einer Gartenanlage in Mitteleuropa ist der Klosterplan von St. Gallen aus dem Jahr 816. Der Plan unterscheidet vier Gartentypen, darunter den Kreuzganggarten, der durch ein Wegekreuz symmetrisch gegliedert wird und von Mauern, Zäunen oder Hecken umgeben ist. Im Zentrum des Kreuzganggartens steht ein Baum oder Brunnen.

Die mittelalterlichen Gärten waren meistens Nutzgärten, in denen die schönen Pflanzen vorwiegend praktischen Zwecken dienten.

Ab dem Hoch- und Spätmittelalter entstanden in Klöstern, auf Burgen und bei den Anwesen reicher Bürger zunehmend auch Gärten, die in erster Linie als Ziergärten dienten.

So hat beispielsweise auch der große Universalgelehrte Albertus Magnus (1200 – 1280) im 13. Jahrhundert als Aufsehen erregende Neuheit einen so genannten Lustgarten entworfen, dessen größter Bereich von Baumreihen, Quelle, Rasenbank und Zierpflanzen eingenommen wurde.

Der »Hortus conclusus«

Ab dem 15. Jahrhundert etwa vermittelt uns die Kunst einen Eindruck von den damaligen Gärten. Deutlich wird, dass durch arabischen Einfluss auch Natur und sinnlicher Genuss der Welt darstellungswürdige Themen der Kunst werden. Das zeigt anschaulich das Bild »Paradiesgärtlein«, das zwischen 1410 und 1420 entstand. Dargestellt ist hier ein von einer Mauer abgeschlossener Garten, der »Hortus conclusus«.

Dieser Typus des »verschlossenen Gartens« galt im Mittelalter als Sinnbild für die Reinheit und Unschuld der Jungfrau Maria. In diesem Paradiesgärtlein gibt es ein Wasserbecken. Es wachsen viele attraktive Pflanzen wie Pfingstrose, Schwertlilie, Schlüsselblume, Erdbeeren, Borretsch und Gänseblümchen. Verschiedene Tiere, insbesondere Vögel, tummeln sich an diesem einladenden Ort, in dem die Jungfrau Maria umgeben von Heiligen, Engeln und dem Christuskind sitzt.

Im Mittelalter wurden bereits viele der heute bekannten Zierpflanzen in den Gärten kultiviert.

Bilder geben Aufschluss, was in den Gärten früherer Zeiten wuchs. Im »Paradiesgärtlein«, einem Tafelbild, das um 1420 entstand, werden die einzelnen Pflanzen des Gartens detailgenau unterschieden (Frankfurt, Städelsches Kunstinstitut).

Die Rose ist seit Jahrhunderten die Königin unter den Zierpflanzen.

Viele Zierpflanzen, die aus unseren Gärten heute nicht mehr wegzudenken sind, wurden aus fremden Ländern importiert, wie Tulpe, Kaiserkrone, Kapuzinerkresse und Hyazinthe.

Elemente des Paradieses

Bis zum Spätmittelalter teilten die Menschen die Vorstellung vom Garten als einem irdischen Abbild des verlorenen und wieder zu gewinnenden Paradieses, in dem Mensch und Natur im Einklang sind. Alle Paradiesgärten besitzen dabei die folgenden Grundelemente:

1. Mauer oder Zaun, die den Garten von Nutzflächen abgrenzen. Sie dienen als Schutz und Symbol der Trennung von Innen- und Außenwelt.
2. Bäume und Wasser als Symbole des Lebens: Bäume spenden Schatten und Nahrung, ohne Wasser ist kein Leben möglich.
3. Strenge Ordnung und üppiges Wachstum, deren gleichzeitige Präsenz einen wohltuenden Ausgleich zwischen Struktur und Chaos schafft.
4. In den meisten Fällen ein Zentrum, auf das alles hingeordnet ist.

Diese Elemente vereinen praktische Erwägungen, ästhetische Bestrebungen und heilende Wirkung. Sie prägten noch bis vor einigen Jahrzehnten die traditionellen Bauerngärten und können uns hilfreich sein, um einen modernen Hausgarten zum paradiesischen Heilgarten zu machen.

Woher die Gartenpflanzen stammen

Viele der heute beliebten und in unseren Gärten verbreiteten Zierpflanzen schmückten bereits die mittelalterlichen Gärten.

Vielfach handelt es sich dabei um heimische Wildpflanzen, insbesondere verschiedene Frühblüher wie die Christrose, das Schneeglöckchen, das Maiglöckchen, das Wohlriechende Veilchen oder die Schlüsselblume, aber auch um Pflanzen wie Walderdbeere, Gänseblümchen, Heckenrose, Königskerze, Akelei und Vergissmeinnicht. Etliche dieser Gewächse hatten wahrscheinlich eine lange Tradition als Heilpflanzen und wurden von den Weisen Frauen bereits in vorchristlicher Zeit verwendet.

Häufig wurden gerade solche Heilpflanzen schon frühzeitig in den Gärten kultiviert. Auf mittelalterlichen Darstellungen wachsen sie oft auf einer Wiese. Dieses Motiv entstammt der keltisch-germanischen Vorstellung von einer Himmels- oder Paradieswiese, wie sie auch in unseren Sagen und Märchen vorkommt, etwa im Märchen von Frau Holle.

Mediterraner Import

Viele dekorative Gartenpflanzen
stammen aus dem Mittelmeerraum.
Sie gelangten entweder schon mit
den Römern oder im Mittelalter mit
den Benediktinermönchen, etliche
auch erst später in mitteleuropäische
Gärten. Zu diesen importierten »Süd-
ländern« gehören die auch zu den
Gewürzpflanzen zählenden Zierpflanzen Borretsch, Lavendel, Salbei, Ysop
oder Pfingstrose, Apothekerrose,
Weiße Rose, Goldlack und Madonnenlilie, die zunächst als Arznei-
pflanzen dienten.

Zu Beginn der Neuzeit im 15. Jahrhundert kamen nochmals Pflanzen
aus dem Mittelmeergebiet als Zierpflanzen in die Gärten nördlich der
Alpen, beispielsweise Stockrose, Feu-
erlilie, Löwenmäulchen oder Levkoje.

Aus fernen Ländern

Im Lauf der Jahrhunderte wurden
Pflanzen aus der ganzen Welt in unsere Gärten eingeführt, insbesondere
aus der Neuen Welt und aus Fernost.
Nach der Entdeckung Amerikas im
Jahr 1492 gelangten von dort viele
unbekannte Pflanzen nach Europa,
darunter auch wichtige Nahrungspflanzen wie Kartoffel, Tomate und
Paprika. Als sich die Beziehungen mit
dem Fernen Osten, insbesondere China und Japan, verstärkten, brachten
Reisende und Händler von dort Pflanzen mit – oft ein gefährliches Unter-
fangen, bei dem man sich nicht erwi-
schen lassen durfte.

Die Exoten galten zunächst meist als
reine Zierpflanzen, auch wenn sie in
ihrer Heimat geschätzte Heilpflanzen
waren. So hat z. B. die Verwendung
des nordamerikanischen Sonnenhuts
als Wundmittel bei den Indianern eine
lange Tradition, hier zu Lande fand die
Pflanze bis in die jüngere Vergangen-
heit nur als Zierpflanze Interesse.

*Viele Pflanzen aus
der Neuen Welt
kamen zunächst als
reine Zierpflanzen
in unsere Gärten,
wie die Kartoffel
oder der Rote
Sonnenhut.*

*Die Madonnenlilie
stammt aus den öst-
lichen Mittelmeerlän-
dern und gelangte mit
den Römern nach
Mitteleuropa.*

Eigenschaften der Gartenpflanzen

Pflanzen auf mittelalterlichen Darstellungen vereinen meist drei Eigenschaften: Sie sind schmückende Symbolpflanze, Duft- und Heilpflanze.

Symbolpflanzen

Pflanzen wurden häufig als Symbole benutzt, das heißt, sie drückten in Dichtung, Volkserzählung, Volkslied, Kunst oder Alltag über ihre Wirklichkeit Hinausgehendes aus.
Heute ist uns – abgesehen vielleicht von der Bedeutung roter Rosen – diese Symbolsprache ziemlich fremd. Auf mittelalterlichen oder frühneuzeitlichen Darstellungen werden viele Pflanzen der Gottesmutter zugeordnet. Die Rose als die Königin der Blumen ist das wichtigste mittelalterliche Symbol der Himmelskönigin Maria. Diese ist zugleich die »Rose ohne Dornen«, die Pfingstrose, denn Dornen stehen für die Sünde und die Gottesmutter ist frei davon.

Als Frühlingsboten sind die zierlichen Schneeglöckchen in jedem Garten willkommen.

Als Symbol der unbefleckten Empfängnis Marias gilt die Madonnenlilie. Auch Christus sind viele Pflanzen geweiht. Die Frucht der Erdbeere steht symbolisch für die Blutstropfen Christi bei seiner Kreuzigung und die Fünfzahl ihrer Blütenblätter für seine fünf Wunden. Das Maiglöckchen symbolisiert das Heil der Welt, das in Christus verkörpert ist, und das als bescheiden geltende Veilchen ist Zeichen der Demut Christi und steht mit seiner violettblauen Farbe in der religiösen Tradition für seine Passion.
Es gibt aber nicht nur eine geistliche Symbolik, sondern auch eine weltliche, und oft hatten die mittelalterlichen Künstler bei ihren »umschlossenen Gärten« beides im Sinn. In den Gärten mit ihrem Duft, ihren schönen und heilsamen Pflanzen und ihren Früchten versinnbildlicht sich neben der Gottesliebe auch die irdische Liebe. Paradiesgärten konnten zugleich auch Lust- und Liebesgärten sein.
In Volksdichtung, Märchen, Sagen und im Volkslied geht es ebenfalls symbolisch zu. Sexualität, Liebe, Abschied, Treue und Tod werden mit Bildern aus der Pflanzenwelt thematisiert. So heißt es in einem Volkslied:

»Es blühten Tulpen und Narzissen,
Sie blühten dir, sie blühten mir;
Sie sind verwelkt, sie sind verdorret,
Denn heute muss ich fort von dir.«
Im Barock entstand unter islami-
schem Einfluss eine Blumensprache,
die noch bis ins 19. Jahrhundert be-
liebt war. In ihr vermittelten spezielle
Blumen Botschaften, meist zwischen
Mann und Frau. So bedeuteten z. B.
Himmelsschlüssel »Sag ja, und unser
Glück beginnt« oder Sonnenblumen
»Du bist meines Daseins Sonne«.

Duftpflanzen

Schon im Alten Testament, im Hohen
Lied Salomons, ist die Rede vom
Duft, der den Garten durchzieht.
Duftpflanzen wie Safran, Kalmus und
Zimt werden hier erwähnt.
Viele der europäischen Symbol- und
Heilpflanzen sind zugleich Duftpflan-
zen. Neben Rose und Lilie duften
Pfingstrose, das Duftende Veilchen,
Goldlack und Gartennelke. Aromati-
sche Düfte entströmen auch vielen
Gewürzkräutern. Nicht nur der süß-
herbe Lavendelduft ist angenehm,
auch Melisse, Salbei, Rosmarin und
Ysop duften und zeigen damit gleich-
zeitig Würz- und Heilkraft an.

Heilpflanzen

Als frühes Zeugnis für die Auswahl
von Pflanzen in mitteleuropäischen
Gärten gilt das »Capitulare de villis«,
eine Verordnung, die Kaiser Karl der
Große um 795 erlassen hat. Darin
gibt es eine Liste von Bäumen, Blumen, Kräutern und Gemüsepflanzen,
die in den Reichsgütern angepflanzt
werden sollten. Auch ein Gedicht von
827, in dem Abt Walahfrid vom Kloster auf der Insel Reichenau seinen
Garten beschreibt, informiert uns
über den Pflanzenbestand in frühmit-
telalterlichen Klostergärten. Schließ-
lich berichtet Hildegard von Bingen
(1098–1179) über die Pflanzen im
Garten des Benediktinerklosters. Neben den Nahrungspflanzen kultivier-
te man dort vor allem Heilpflanzen,
zu denen viele der heute geschätzten
Gewürzkräuter und Zierpflanzen zähl-
ten. Rose, Lilie, Iris dienten in erster
Linie Heilzwecken. So empfiehlt Hildegard von Bingen zuerst die Lilien-
wurzel gegen weiße und rote Lepra
sowie die Stängel und Blätter gegen
Ausschläge. Erst dann schreibt sie:
»... auch der Duft ihrer Blumen erfreut
das Herz des Menschen und bereitet
ihm richtige Gedanken.«

Im Volksglauben
galten stark duf-
tende Pflanzen wie
Lavendel, Rosmarin
und Salbei als
geeignete Mittel,
um Hexen und
bösen Zauber
abzuwehren.

Die Heilkraft vieler Zierpflanzen ist heute

in Vergessenheit geraten. Es lohnt sich,

sie wieder zu entdecken.

Die *Die* Wirkung *heilender* Zierpflanzen

Heilkräftige Zierpflanzen erfreuen durch Form, Farben und Duft. Zur Linderung gesundheitlicher Beschwerden lassen sich zudem ihre heilenden Wirkstoffe einsetzen.

Balsam fürs Auge

Warum gefallen uns manche Kleidungsstücke, Möbel, Landschaften, Gärten oder Pflanzen auf den ersten Blick? Die ästhetische Wirkung einer Erscheinung im Alltag, in der Natur oder in der Kunst ist nur teilweise im Gegenstand selbst, überwiegend jedoch im Betrachter und seinen verschiedenen Lernerfahrungen begründet. Ein eher nervöser Mensch mag daher die beruhigend wirkende Farbe Blau bevorzugen, ein ordnungsliebender einen streng gegliederten Garten anlegen, während ein anderer es lieber »wild« mag, weil ihn ein solcher Garten an die Kindheit erinnert. Die Sehzellen der Netzhaut unseres Auges wandeln die Lichtreize in Nervenimpulse. Diese werden durch den Sehnerv zum Gehirn geleitet und dort insbesondere in der Sehrinde verarbeitet, und zwar getrennt nach Formen, Farben und Bewegungen.

Der Formenreichtum der Gartenpflanzen

Bereits bei der Umzäunung des Gartens und seiner inneren Gliederung und Gestaltung ist das ästhetische Empfinden angesprochen, um so mehr noch bei der Auswahl und Anordnung der Pflanzen. Neben unterschiedlichen Blattformen und Pflanzengrößen sind es besonders die verschiedenartigen Blüten, die uns ansprechen. Es gibt Pflanzen mit eindrucksvollen Einzelblüten oder eine Einzelblüte vortäuschenden Blütenständen wie bei Sonnenblume, Tulpe, Lilie, Iris oder Rose. Eine Reihe von Pflanzen prunkt mit Blütenkerzen oder Blütenähren, so Lavendel, Salbei, Stockrose, Rittersporn, Fingerhut und Ehrenpreis. Kleine Arten wirken in Gruppen, etwa Schlüsselblume, Veilchen, Lungenkraut, Bärlauch, Kapuzinerkresse oder Kalifornischer Mohn. Nicht zu übersehen sind Bäume und Sträucher, auch wenn sie oft nur unscheinbare Blüten haben.

Schaffen Sie im Garten Blickpunkte – etwa Farbtupfer durch eindrucksvolle einzelne Pflanzen oder durch Pflanzengruppen aus Pfingstrose, Iris, Königskerze oder Lilie.

Der Lavendel ist nicht nur eine Wohltat für das Auge, sein herb-frischer Duft wirkt auch entspannend.

Farbsymbolik

Mit den Blütenfarben erschöpft sich die Farbigkeit unserer Gartenpflanzen nicht. Blätter und Stängel bieten verschiedenste Grüntöne, während Stamm und Äste von Holzgewächsen Nuancen von Braun und Grau zeigen. Die mittelalterlichen Gartendarstellungen sind meist sehr farbenfroh. Der Grund dafür ist nicht nur die Freude an der Komposition von Farben und an der damals neuen Darstellung der Natur, sondern insbesondere der Einsatz

Der leuchtende Rote Sonnenhut ist bei uns als abwehrstärkende Arzneipflanze unter dem botanischen Namen Echinacea purpurea bekannt.

der Farben als Symbol. Wie die Pflanzen selbst, hatten die Farben Symbolwert und die Blütenfarbe war oft sogar bestimmend für die Bedeutung der Pflanze. In der christlichen Farbsymbolik ist Blau eine Marienfarbe, und viele blaue Blumen sind daher der Gottesmutter geweiht. In der weltlichen Symbolik ist Blau die Farbe der Treue und Beständigkeit. Rot steht für die Liebe Gottes, das Blut Christi und die irdische Liebe. Es versinnbildlicht Leidenschaft und Freude. Grün symbolisiert das Leben und

die Hoffnung. Grüne Gewänder tragen der Evangelist Johannes und die Auserwählten Gottes. Weiß ist die Farbe der Unschuld und der Ewigkeit. Gold versinnbildlicht die Auferstehung und die Offenbarung des Heiligen Geistes. Gelb steht manchmal für Lebensfreude, wird aber oft auch mit Neid in Verbindung gebracht.

Blütenfarben einsetzen

Unterschiedliche Farben können sehr unterschiedliche Empfindungen und psychische und/oder körperliche Reaktionen hervorrufen. So unterscheidet man »warme« Farben (Rot, Gelb) von »kalten« (Blau, Grün). Auch wenn Menschen psychisch unterschiedlich auf bestimmte Farben reagieren, gibt es Wirkungen, die von allen Menschen ähnlich empfunden werden. Den einzelnen Farben wird sogar das Auslösen bestimmter körperlicher Reaktionen zugeschrieben. Es schadet sicher nicht, das alte Wissen über Farbwirkungen auch bei der Gartengestaltung einzubeziehen, und damit den Ort noch angenehmer und heilsamer zu machen. Da Blau eindeutig meine Lieblingsfarbe ist, habe ich viele blaue Blumen im Garten.

Farbwirkungen der Zierpflanzen bewusst einsetzen

Rot: anregend, belebend, wärmend, durchblutungsfördernd. Rot ist auch eine Warnfarbe. Vorsicht: Zu viel Rot kann aufputschend und überreizend wirken.

Rote Blüten: Indianernessel, Wilde Malve, Pfingstrose, Essigrose, Roter Sonnenhut, Stockrose. Weitere Beispiele: Brennende Liebe (*Lychnis chalcedonica*), Gartennelke (*Dianthus caryophyllus*).

Orange: stimulierend, entkrampfend, aktivierend.

Orangefarbene Blüten: Kalifornischer Mohn, Kapuzinerkresse, Ringelblume, Früchte der Lampionblume. Weitere Beispiele: Goldlack (*Cheiranthus cheiri*), Studentenblume (*Tagetes*).

Gelb: aufmunternd, befreiend, kräftigend, aktivierend.

Gelbe Blüten: Alant, Huflattich, Königskerze, Löwenzahn, Ringelblume, Schlüsselblume, Sonnenblume. Weitere Beispiele: Winterling (*Eranthis hiemalis*), Narzisse (*Narcissus*).

Blau: entspannend, kühlend, beruhigend, schmerzlindernd, blutdrucksenkend. Vorsicht: Zu viel Blau kann eine trübe Stimmung und manche Formen von Depression verstärken.

Blaue Blüten: Borretsch, Blauer Eisenhut, Lavendel, Lungenkraut, Salbei, Wohlriechendes Veilchen, Ysop. Weitere Beispiele: Bartblume (*Caryopteris*), Blaustern (*Scilla*), Hyazinthe (*Hyacinthus orientalis*), Jakobsleiter (*Polemonium*), Rittersporn (*Delphinium*).

Violett: entspannend, konzentrationsfördernd, abschwellend, schlaffördernd.

Violette Blüten: Akelei, Beinwell, Indianernessel, Schwertlilie. Weitere Beispiele: Astern (*Aster*), Flieder (*Syringa vulgaris*).

Weiß: beruhigend, klärend, kühlend. Weiß leuchtet in der Dämmerung – ein schöner Anblick an Sommerabenden im Garten.

Weiße Blüten: Eibisch, Römische Kamille, Süßkirsche, Madonnenlilie, Schafgarbe. Weitere Beispiele: Pfeifenstrauch (*Philadelphus*), Schneeglöckchen (*Galanthus nivalis*).

Im Garten lassen sich kräftige Blütenfarben durch Grün, Grau oder Weiß in ihrer Wirkung verändern und dämpfen. Rote oder rosafarbene Blüten entfalten ihre Leuchtkraft besonders vor graugrünem Laub, blaue Blüten vor silbrigem Blattwerk.

Duftsensationen

Noch ehe wir Gerüche und Düfte bewusst wahrnehmen, lösen sie bereits Erinnerungen, Gefühle und manchmal sogar körperliche Reaktionen aus.

Pflanzenduft entsteht meist in den Blüten – ein Signal für bestäubende Insekten, dass es etwas zu holen gibt. Manche Pflanzen haben duftende Blätter. Auch Früchte, Wurzeln und Rinde können intensiv duften.

Sehr viele Pflanzendüfte beruhen auf ätherischen Ölen. Andere Duftstoffe sind etwa Harze – Gemische von nicht flüchtigen Kohlenwasserstoffen und ätherischen Ölen. Balsame sind ähnlich zusammengesetzt, haben jedoch einen höheren Anteil an ätherischen Ölen. Cumarine mit ihrem typischen Duft (etwa Waldmeister) sind Glykoside. Stark riechen beispielsweise auch Senf- und Lauchöle.

Die Wirkung von Pflanzendüften

Die Blüte der Rose vereint Duft und Schönheit.

Riechen ist eine Sinneswahrnehmung, die tief in unsere Geschichte – unsere individuelle und in die der Menschheit – reicht. Aus dem Riechhirn der primitiven Wirbeltiere entwickelte sich im Verlauf vieler Millionen Jahre das Großhirn der höheren Wirbeltiere, dessen Rinde am ausgeprägtesten beim Menschen bewusstes Denken ermöglicht. Die Nachricht über einen Duft gelangt aber nicht nur in die Wahrnehmungsfelder der Großhirnrinde, so dass wir den aufgenommenen Duft bewusst wahrnehmen und einordnen können, sondern sie erreicht auch das an der Basis des Großhirns liegende limbische System. Dieses ist ein uraltes Erbe aus unserer Tiervergangenheit, das unsere Gefühle beeinflusst, an der Steuerung unserer Organe, der Produktion von Hormonen und an Vorgängen wie Flucht, Lernen, Sexualität beteiligt ist. So nehmen wir Gerüche bereits in der vorbewussten Lebensphase unserer frühesten Kindheit auf.

Gerüche aktivieren unser Gedächtnis. Manchmal werden durch einen bestimmten, längst vergessen geglaubten Geruch Erlebnisse oder Ereignisse wach, auch wenn wir den Geruch nicht näher benennen können. Selbst Gefühle der Trauer, Angst, Verlassenheit oder Freude können durch einen plötzlich wahrgenommenen Geruch scheinbar grundlos in uns entstehen. Daraus wird verständlich, dass Düfte auch unser

Verhalten beeinflussen können – und das insbesondere auf einer unbewussten Ebene. Diese Erkenntnisse nutzt auch die Aromatherapie. Ätherische Öle können belebend, angstlösend, entspannend, beruhigend, aktivierend und stimmungsaufhellend wirken. Auch durch die Auswahl von Gartenpflanzen können wir uns die positiven Eigenschaften von Düften zu Nutze machen. Nicht nur unter den Gewürz- und Heilkräutern gibt es Duftpflanzen, sondern auch eine ganze Reihe von Zierpflanzen besitzen über ihr schönes Aussehen hinaus einen angenehmen Duft.

Duftende Zierpflanzen

Da Geruchseindrücke nur teilweise bewusst und rational wahrgenommen werden, ist auch unser Wortschatz für Gerüche und Düfte sehr begrenzt. Wir helfen uns oft mit Vergleichen, wenn wir einen Duft beschreiben wollen: Das riecht nach Zitrone oder Knoblauch, das ist ein Raubtiergeruch und jenes ein rosenartiger Duft. Ein bekanntes Schema etwa unterscheidet die Klassen blumig, fruchtig, würzig, harzig, brenzlig und faulig. Die meisten duftenden Zierpflanzen

haben einen blumigen Geruch. Meine liebste Duftpflanze ist der Lavendel mit seinem blumig-harzigen Duft. Unter den von mir besonders geschätzten heilkräftigen Zierpflanzen gibt es aber noch andere, die gut riechen, etwa Schwarzer Holunder, Indianernessel, Madonnenlilie, Nachtkerze, Pfingstrose, duftende Rosen, Schafgarbe, Schlüsselblume, Schwertlilie, Seidelbast und Wohlriechendes Veilchen. Während man bei manchen Blumen wie der Schlüsselblume meist den Duft erst aus der Nähe wahrnimmt, wird der Duft anderer, etwa des Seidelbasts, auch von weiter getragen.

Die Duftstoffe der Distel ziehen auch Schmetterlinge an.

Einige Pflanzen wie Geißblatt, Phlox, Nachtviole oder Engelstrompete sind »Nachtblüher«, die am Abend betörend duften, um Nachtschmetterlinge anzulocken.

Innere Anwendung von Heilpflanzen

Viele Duftpflanzen sind gleichzeitig Heilpflanzen. Ihre heilkräftigen Inhaltsstoffe wirken insbesondere dann, wenn wir sie essen oder als Tee oder in anderen Zubereitungen zu uns nehmen. Ein Beispiel ist wieder der Lavendel. Bereits sein Duft, der wirkt über die Nase und das limbische System beruhigend und ausgleichend. Bereite ich mir mit Lavendelblüten ein Bad, so kommt zum Duft noch die Aufnahme der Wirkstoffe über die Haut. Ein Tee aus frischen oder getrockneten Lavendelblüten wird über den Verdauungstrakt aufgenommen und seine Wirkstoffe gelangen über das Blut in Körperbereiche, denen sie gut tun. So ist die innerliche Anwendung die intensivste.

Wirkstoffe in Heilpflanzen

Nahrungspflanzen sind in erster Linie durch ihren Gehalt an Proteinen, Kohlenhydraten und Fetten sowie auch an Vitaminen, Mineralstoffen

Die Phytotherapie weiß: Bitterstoffe sind gesund! Ein altes Heilpflanzenbuch ermuntert die Leser, die vor bitterer Arznei zurückschrecken: »Was bitter dem Mund, ist dem Herzen gesund!« und »Trinkst du das Süße mit Lust, trinke das Bittere mit Mut!«

Duftende Zierpflanzen

Ein- und zweijährige Sommerblumen: Duftwicke (*Lathyrus odoratus*), Gartennelke (*Dianthus caryophyllus*), Gartenresede (*Reseda odorata*), Levkoje (*Matthiola incana*), Petunien (*Petunia*), Ziertabak (*Nicotiana alata*) Bartnelke (*Dianthus barbatus*), Nachtviole (*Hesperis matronalis*), Goldlack (*Cheiranthus cheiri*).

Zierstauden: Dichternarzisse (*Narcissus poeticus*), Geißblatt (*Lonicera*), Hyazinthe (*Hyacinthus orientalis*), Phlox (*Phlox paniculata*), Seifenkraut (*Saponaria officinalis*), Taglilie (*Hemerocallis citrina*).

Ziergehölze: Flieder (*Syringa vulgaris*), Geißblatt (*Lonicera*), Glyzinie (*Wisteria*), Kirschpflaume (*Prunus cerasifera*), Schmetterlingsstrauch (*Buddleja davidii*), Weißdorn (*Crataegus*).

Kübelpflanzen: Duftgeranien (*Pelargonium*), Engelstrompete (*Brugmansia*), Eukalyptus (*Eucalyptus*), Lorbeer (*Laurus nobilis*), Myrte (*Myrtus communis*), Orangenblume (*Choisya ternata*), Vanilleblume (*Heliotropium arborescens*), Zitrusgewächse (*Citrus*).

und Spurenelementen wertvoll. Dass sie oft Heilwirkung haben, liegt vor allem an den ebenfalls enthaltenen sekundären Pflanzenstoffen. Diese sind es auch, die unsere Heilpflanzen heilkräftig machen. Meist sind mehrere arzneilich wirksame Inhaltsstoffe vorhanden, oft als Haupt- und Nebenstoffe. Inzwischen weiß man, dass selbst nicht unmittelbar wirksame Begleitstoffe bedeutsam sein können, etwa indem sie die Wirkung der heilkräftigen Inhaltsstoffe steuern. So wird verständlich, dass häufig der Einsatz der Pflanze selbst effektiver ist als die Verwendung eines aus der Pflanze gewonnenen und isolierten Wirkstoffs oder Wirkstoffkomplexes. Hier stelle ich Ihnen einige wichtige Wirkstoffgruppen vor.

Alkaloide

Alkaloide sind stickstoffhaltige organische Verbindungen mit teilweise sehr großer Giftwirkung. Unter den Alkaloidpflanzen befinden sich stärkste Giftpflanzen wie Tollkirsche, Blauer Eisenhut oder Herbstzeitlose. Für die Selbstbehandlung kommen die meisten Alkaloidpflanzen nicht infrage. Harmlosere Vertreter unter

unseren Zierpflanzen sind etwa Lampionblume und Kalifornischer Mohn. Manche Pflanzen enthalten Alkaloide in nur geringer Menge als Nebenwirkstoffe; in

diesen Fällen ist eine Vergiftung auch nicht zu befürchten.

Glykoside

Organische Verbindungen mit einem Zucker- und einem Nichtzuckeranteil nennt man Glykoside. Es gibt verschiedene Glykoside in Heilpflanzen, darunter auch sehr giftige, sowie die folgenden Gruppen.

An erster Stelle stehen die Flavonoide (Farbstoffglykoside), bei denen es sich um Farbstoffe mit harntreibender, blutgefäßabdichtender und krampflösender Wirkung handelt. Flavonoidpflanzen sind beispielsweise Hirtentäschelkraut, Mariendistel und Gingo. Unter den Senfölglykosiden (Senfölen) finden sich scharf

Die Blüte der Engelstrompete duftet nachts besonders intensiv. Ihr starker Duft betört dabei nicht nur die Nachtschmetterlinge, sondern hat auch aphrodisierende Wirkung auf den Menschen.

Die Herbstzeitlose ist eine giftige Schönheit, denn sie enthält wie Tollkirsche und Blauer Eisenhut Alkaloide.

Saponinhaltige Pflanzen, wie das traditionell in den Bauerngärten gezogene Seifenkraut, wurden früher zum Wäschewaschen verwendet.

schmeckende und hautreizende Aromastoffe, die besonders in verschiedenen Kressearten enthalten sind. Ihre keimtötende Wirkung wird bei der Bekämpfung von Infektionen, vor allem im Harntrakt, eingesetzt.

Saponine

Saponine bilden beim Schütteln mit Wasser einen seifenartigen Schaum. Sie wirken schleimlösend, entzündungshemmend, harntreibend, immunstärkend und cholesterinsenkend. Beispiele für Saponinpflanzen sind die Königskerze, die Schlüsselblume und das Wohlriechende Veilchen. Vorsicht: In Überdosierung wirken Saponine giftig.

Sulfide (Lauchöle)

Auch die schwefelhaltigen Lauchöle wirken keimtötend. Außerdem senken sie den Choleringehalt und stärken das Immunsystem, indem sie den

Organismus vor einem Übermaß schädlicher freier Radikale schützen. Reichlich enthalten sind Sulfide in Knoblauch, Bärlauch und Zwiebeln.

Ätherische Öle

Im Gegensatz zu fetten Ölen sind ätherische Öle leicht flüchtig. Fast alle ätherischen Öle riechen intensiv und angenehm. Pflanzen mit hohem Gehalt an ätherischen Ölen sind deshalb oft Küchen- und Gewürzkräuter. Ätherische Öle beeinflussen vor allem das vegetative Nervensystem und die von ihm gesteuerten Organe. Je nach Zusammensetzung wirken sie anregend, beruhigend, ausgleichend, entkrampfend, stimmungsaufhellend, angstlösend oder kräftigend. Ätherische Öle fördern die Durchblutung und töten Mikroorganismen wie Bakterien und Pilze. Einen hohen Gehalt an ätherischen Ölen haben Alant, Engelwurz, Lavendel, Ringelblume, Salbei, Schwertlilie und Ysop.

Gerbstoffe

Die Stoffe dieser Gruppe sind in der Lage, Proteine zu binden und unlöslich zu machen. Natürliche Gerbstoffe, etwa in der Eichenrinde, hat man früher bei der Ledergerbung verwendet. Auf Haut und Schleimhaut wirken Gerbstoffe »zusammenziehend«, wodurch sie unerwünschten Keimen den Nährboden entziehen können. Recht hoch ist der Anteil an Gerbstoffen etwa in Beinwell und Gundermann. Vorsicht: Gerbstoffe können Magen und Darm reizen.

Bitterstoffe

Diesen unterschiedlich zusammengesetzten Wirkstoffen ist gemeinsam, dass sie bitter schmecken. Sie bringen vor allem die Verdauungssäfte zum Fließen. Einige haben zudem keimtötende, harntreibende, beruhigende oder allgemein kräftigende Wirkung. Es gibt viele Pflanzen mit einem hohem Bitterstoffgehalt, wie etwa Mariendistel und Löwenzahn.

Polysaccharide

Zur Gruppe der Polysaccharide gehören Schleimstoffe, verschiedene Stärkearten, Pektine und Inulin. Schleimstoffe wirken reizlindernd, was man bei der Behandlung von Erkältungskrankheiten und Reizungen im Magen-Darm-Trakt nutzt. Zierpflanzen mit einem hohem Schleimgehalt sind zum Beispiel Eibisch, Königskerze und Lungenkraut. Inulin ist ein Reservekohlenhydrat, der in manchen Korbblütlern wie Alant und Topinambur enthalten ist. Inulin schmeckt süßlich, erhöht den Blutzuckerspiegel aber nicht.

Sonstige Wirkstoffe

Carotinoide färben Pflanzenteile gelb, orange oder rot. Als starke Antioxidantien schützen sie den Körper vor der zellschädigenden Wirkung der freien Radikale. Carotinoidreich ist beispielsweise Kapuzinerkresse. Zu den organischen Säuren gehören etwa Vitamin C, Zitronensäure oder Weinsäure.
Viel Vitamin C, das die körpereigene Abwehr stärkt und die Zellen schützt, ist in den Hagebuttenfrüchten enthalten. Anorganische Stoffe sind etwa lebenswichtige Mineralien wie Kalzium, Kalium oder Magnesium und die kräftigend auf das Körpergewebe wirkende Kieselsäure, die beispielsweise im Lungenkraut enthalten ist.

Bei Überdosierung können Pflanzen mit hohem Gehalt an Senfölglykosiden schmerzhafte Reizungen im Magen-Darm-Trakt und im Nieren-Blasen-Bereich verursachen.

Salbei schmeckt wegen seines hohen Gehalts an ätherischen Ölen sehr aromatisch.

Viele Zierpflanzen, die unseren Gärten

wachsen, hatten und haben eine Bedeutung

bei verschiedenen Heilverfahren.

Zierpflanzen *als* Arzneipflanzen

Seit Urzeiten haben Menschen Heilpflanzen genutzt. Früher, als es noch keine chemisch-synthetischen Medikamente gab, wurden fast alle Arzneien aus Pflanzen gewonnen.

Mit Pflanzen heilen

Viele häufig verwendete Fertigarzneimittel – etwa die immunstimulierenden Sonnenhut-, die durchblutungsfördernden Ginko- oder auch die stimmungsaufhellenden Johanniskrautpräparate – werden noch heute aus Pflanzen hergestellt.

Phytotherapie

Die Schulmedizin war jahrhundertelang vor allem Pflanzenheilkunde. Erst mit der Entwicklung chemisch-synthetischer Arzneimittel und der wachsenden Bedeutung der Chirurgie verlagerten sich ab dem 19. Jahrhundert die Schwerpunkte.
In jüngerer Zeit wächst in der Schulmedizin deutlich das Interesse an pflanzlichen Arzneimitteln (Phytopharmaka) verbunden mit dem Bestreben, Wirksamkeits- und Wirkungsnachweise zu erbringen. Viele Pflanzen sind von Seiten der moder-nen Phytotherapie, der Wissenschaft, die sich mit der Anwendung pflanzlicher Heilmittel beim Menschen beschäftigt, als wirksam anerkannt. Im Vergleich zur Volksheilkunde sind jedoch die Anwendungsgebiete meist enger gefasst.

Volksmedizin

Die über Jahrtausende vor allem von Frauen ausgeübte Volksheilkunde hat sich stets wild wachsender und in Gärten gezogener Pflanzen bedient. Ihre Traditionen und Rezepte, die manchmal auf magischen Vorstellungen, häufig aber auch auf Erfahrungen und praktischen Erfolgen beruhten, beeinflussten Kräuterheilkundige wie Hildegard von Bingen und Albertus Magnus. Noch Paracelsus (1493 bis 1541) verdankte sein Heilpflanzenwissen den Weisen Frauen.
Im Zuge der Hexenverfolgungen vom 15. bis 18. Jahrhundert wurden viele der Weisen Frauen und mit ihnen ihr Wissen vernichtet. Im 19. Jahrhundert nahm Pfarrer Sebastian Kneipp Überlieferungen aus der Volksheilkunde auf, studierte die alten Kräuterbücher und sammelte Erfahrungen. Dank Kneipps Bemühungen,

Der Äbtissin Hildegard von Bingen verdanken wir wertvolle Rezepturen aus der Naturheilkunde.

Schon Hildegard von Bingen (1098 bis 1179) folgte der Idee vom rechten Maß, das für eine Balance im Körper sorgt. Diesen Prozess unterstützen Heilpflanzen wie Eibisch, Rose oder Mariendistel.

sein Lebenswerk in die offizielle Medizin einzubringen, befassten sich wieder mehr Ärzte mit Heilpflanzen.

Homöopathie

Diese Therapierichtung geht auf den deutschen Arzt Samuel Hahnemann (1755–1843) zurück. Ihr Grundprinzip »Ähnliches möge mit Ähnlichem geheilt werden« basiert auf Hahnemanns Erfahrung, dass vielen Kranken mit einem Mittel geholfen werden kann, das beim Gesunden ähnliche oder gleiche Symptome hervorruft, wie sie der Kranke zeigt. Das richtige Mittel unterdrückt die Symptome nicht, sondern aktiviert den Organismus durch Heilreize zur Auseinandersetzung mit der Krankheit. Bei der Zubereitung der homöopa-

Die Homöopathie macht sich die heilenden Kräfte der Pflanzen zu Nutze, indem sie stark verdünnte Pflanzenextrakte einsetzt, um den Körper im Kampf gegen die Krankheit zu unterstützen.

Wichtige Homöopathika aus Gartenzierpflanzen	
Homöopathisches Arzneimittel	**Wichtige Anwendungsgebiete**
Aconitum (aus der Giftpflanze Eisenhut)	Fieber, Nervenschmerzen.
Calendula (aus Ringelblume)	Hautausschläge, Verletzungen, Verstauchungen.
Carduus marianus (aus Mariendistel)	Gallenblasenleiden, Leberentzündung.
Convallaria majalis (aus der Giftpflanze Maiglöckchen)	Erschöpfung, Herzschwäche.
Digitalis (aus der Giftpflanze Roter Fingerhut)	Herzschwäche, Kopfschmerzen.
Echinacea angustifolia (aus Schmalblättrigem Sonnenhut)	Entzündungen, Eiterungen.
Helleborus niger (aus der Giftpflanze Schwarze Nieswurz)	Nierenentzündung.
Mezereum (aus der Giftpflanze Gewöhnlicher Seidelbast)	Hautentzündungen, Nervenschmerzen.
Pulsatilla (aus der Giftpflanze Gewöhnliche Küchenschelle)	Menstruationsbeschwerden, Wechseljahrbeschwerden.
Symphythum (aus Gemeinem Beinwell)	Blutergüsse, Verstauchungen, Zerrungen.
Verbascum (aus Großblütiger Königskerze)	Nervenschmerzen, Entzündungen der Atemwege.

thischen Arzneimittel wird aus einem Stoff zunächst die Ursubstanz gewonnen und in manchen Fällen als Heilmittel eingesetzt. Wichtiger sind aber die so genannten potenzierten Mittel, die durch Verdünnung und Verschüttelung oder Verreibung aus der Ursubstanz entstehen. Viele Homöopathika stellt man aus Pflanzen, darunter auch Giftpflanzen, her. Ein Mittel eignet sich für ein bestimmtes Anwendungsgebiet nur dann, wenn spezifische Symptome vorhanden sind, wie Angst, Unruhe und Durst bei »Aconitum« oder Übelkeit, Erbrechen und Leberschmerzen bei »Carduus marianus«.

Alternative Heilverfahren mit Pflanzen

Mit Heilpflanzen arbeitet auch Ayurveda (= Wissenschaft vom Leben), die jahrtausendealte, bis heute praktizierte indische Gesundheitslehre und Heilkunde: Nur wenn die drei zentralen Steuerungssysteme, die so genannten Doshas – Vata, Pitta und Kapha – im Einklang sind, bleibt der Mensch gesund. Heilpflanzen können helfen, verlorenes Gleichgewicht wiederherzustellen. Als heilkräftige

Zierpflanzen werden Alant, Beinwell und Eibisch eingesetzt. Auch in der Traditionellen Chinesischen Medizin können Pflanzen, wie die Zierpflanzen Ginko und Rose, den Heilprozess unterstützen. Nach dem chinesischem Heilsystem bedeutet Heilung, dass ein Ausgleich zwischen den polaren Kräften Yin und Yang stattfindet und so die Lebensenergie im Körper wieder fließen kann.

Im mittelalterlichen »Hausbüchern« werden zahlreiche Pflanzen mit heilender Kraft vorgestellt.

Heilendes aus Pflanzen zubereiten

Manche Heilpflanzen können in frischem Zustand verwendet werden: als Gemüse oder Gewürz oder auch für Breiauflagen und Tees. Im Allgemeinen werden Heilpflanzen jedoch als so genannte Drogen eingesetzt. Man versteht in der Apothekerfachsprache darunter getrocknete pflanzliche (oder tierische) Stoffe.

Aromatische Heiltees lassen sich zum Beispiel aus den frischen Blättern von Indianernessel, Melisse oder Pfefferminze herstellen.

Pflanzen sind keine Wundermittel. Misstrauen Sie volksmedizinischen Ratschlägen, nach denen sämtliche Erkrankungen bis hin zu Rheuma und Krebs durch Pflanzenarznei geheilt werden können. Beschränken Sie sich auf bewährte und gesicherte Anwendungen.

Tee

Tee ist die am häufigsten angewandte Zubereitung für Heilpflanzen. Für die innere Anwendung solltenTees ungezuckert oder mit Honig gesüßt schluckweise getrunken werden.

Kräutertee: Man nimmt 1 bis 2 Teelöffel getrocknete oder 3 Teelöffel frische Pflanzenteile auf 1/4 Liter Wasser und trinkt 2 bis 3 Tassen über den Tag verteilt. Kräutertees sollten kurmäßig über 2 bis 4 Wochen verwendet werden.

Teeauflagen: Bei der äußeren Anwendung wird ein Baumwolltuch in heißen oder kalten Tee getaucht, leicht ausgewrungen und auf die betreffende Körperstelle gelegt. Bei Umschlägen (Wickeln) umwickelt man den betroffenen Körperteil ganz mit einem teegetränkten Tuch. In beiden Fällen sollte ein trockenes Zwischentuch aufgelegt und dann alles mit einem trockenen Wolltuch umwickelt werden. Für den Tee nimmt man etwa 4 Esslöffel der Pflanzenteile auf 1 Liter Wasser.

Badezusatz: Für ein Vollbad sowie für Kompressen, Waschungen oder Dampfbäder reichen etwa 1 bis 2 Hand voll getrocknete Pflanzenteile auf 1 Liter Wasser.

Verschiedene Zubereitungsformen für Tee

Die Zubereitungsformen richten sich nach Pflanze und Pflanzenteil.

Aufguss (Infus)
Für Blätter, Blüten, ganzes Kraut, Früchte oder Samen. Pflanzenteile mit siedendem Wasser übergießen, 10 Minuten ausziehen lassen und abseihen. Decken Sie Aufgüsse aus Pflanzenteilen mit ätherischen Ölen während des Ausziehens zu, weil sich sonst die Wirkstoffe rasch verflüchtigen.

Abkochung (Dekokt)
Für harte Pflanzenteile wie Hölzer, Rinde, Wurzeln. Einige Minuten in Wasser auskochen, anschließend noch kurze Zeit ziehen lassen und dann abseihen. Beispiele: Alant, Engelwurz.

Kaltwasserauszug (Mazerat)
Vorzugsweise für Teile schleimhaltiger Pflanzen wie Echter Eibisch oder Wilde Malve. Eine bestimmte Zeit, meist etwa 10 Stunden in kaltem Wasser ausziehen lassen. Danach wird der Tee abgeseiht und vor dem Trinken kurz erwärmt.

Heilpflanzen aufbereiten

Presssäfte werden durch das Auspressen frischer Pflanzenteile gewonnen.
Extrakte entstehen durch das Ausziehen von Pflanzenteilen mit einem Lösungsmittel.

Diverse *Trockenextrakte* sind auch als Tabletten oder Dragees im Apothekenfachhandel erhältlich.

Tinkturen sind ebenfalls Extrakte, deren Lösungsmittel jedoch Alkohol ist: Frische oder getrocknete Pflanzenteile werden dabei mit 70%igem Alkohol übergossen. Man lässt die Mischung etwa eine Woche stehen und filtert dann die Pflanzenteile ab. Tinkturen werden verdünnt innerlich oder äußerlich angewendet.

Für *Kräuterweine* lässt man frische oder getrocknete Pflanzenteile etwa eine Woche lang in Wein ausziehen und filtert sie dann ab.

Für *Kräuteröle* werden frische oder getrocknete Kräuter in eine Flasche gegeben; mit einem guten, kalt gepressten Öl auffüllen; Flasche gut verschließen und etwa zwei Wochen an einem sonnigen Fensterplatz stehen lassen; täglich schütteln. Kräuteröle sind etwa zwei bis drei Monate haltbar.

Ernte & Aufbereitung

Wenn möglich, wird man im Ziergarten so ernten, dass die Pflanzen erhalten bleiben, etwa wenn Sie schonend Blüten und Blätter ernten. Wenn jedoch die Drogen aus Kraut oder Wurzel bestehen, wird mit der Ernte die gesamte Pflanze entfernt. Sorgfältiges Ernten, Aufbereiten und die richtige Aufbewahrung sorgen dafür, dass aus gesunden Pflanzen auch wirksame Heilmittel entstehen.

Der beste Erntezeitpunkt

Im Verlauf der Pflanzenentwicklung verändert sich die Menge an wirksamen Inhaltsstoffen. Es ist deshalb nicht gleichgültig, wann man erntet.

Zum Trocknen bündeln Sie die Pflanzen und hängen sie mit den Blüten nach unten an einem trockenen Ort auf. Nie in der prallen Sonne trocknen!

Kräuterweine wurden schon von Hildegard von Bingen und anderen Heilkundigen des Mittelalters als kräftigendes Mittel geschätzt.

*Aromatische Heil-
pflanzen aus dem
eigenen Garten berei-
chern Ihre Küche
das ganze Jahr über.*

Blüten für Salate
und essbare Tisch-
dekorationen brau-
sen Sie nur kurz mit
Wasser ab und tupfen
sie dann vorsichtig
mit einem Küchen-
papier trocken.

Blätter: kurz vor der Blüte (vielfach im Frühsommer). **Blüten:** Ernte unmittelbar nach dem Aufblühen. **Kraut:** meistens während der Blüte. **Früchte/Samen:** Reife zeigt sich meist durch Verfärbung an. Bei Arten, deren Samen vorzeitig ausfallen, umhüllt man Früchte/Fruchtstände mit dünnem Baumwollstoff oder erntet vor der Vollreife und lässt nachreifen. **Wurzeln:** Ernte im Herbst, das heißt am Ende der Wachstumsperiode, wenn die Nährstoffe für den Wintervorrat eingelagert sind.

Richtig ernten

Oberirdische Pflanzenteile: Am besten ernten Sie sie am Vormittag, sobald der Tau verdunstet ist, keinesfalls in der Mittagssonne. Pflanzen, deren Teile Sie konservieren wollen, sollten Sie, anstatt sie nach der Ernte zu waschen, einige Stunden vor der Ernte kurz abduschen. Wenn Sie die Pflanzen zum Konservieren trocknen wollen, werden die Stängel lang genug abgeschnitten, um sie bündeln zu können. Legen Sie die geernteten Pflanzenteile locker in einen Korb (in einer Plastiktüte würden Sie rasch welken). Pflücken Sie behutsam mit den Händen. Schneiden Sie härtere Zweige mit einer Schere oder Messer ab. **Wurzeln:** abends oder am Morgen eines trüben Tages ausgraben.

Frisch verarbeiten und trocknen

Viele Zierpflanzen besitzen heilkräftige Teile, die man frisch als Tee zubereiten oder in der Küche verarbeiten kann, wie Veilchenblüten, Löwenzahnblätter oder Holunderfrüchte. Ernten Sie diese Blüten, Blätter oder Früchte möglichst erst kurz vor ihrer Verwendung, damit nicht unnötig wertvolle Inhaltsstoffe verloren gehen, und waschen Sie sie behutsam. Für das Trocknen brauchen Sie einen luftigen, trockenen, schattigen Platz auf dem Balkon, Dachboden, in einem Schuppen oder in der Wohnung. **Blätter, Blüten, Kraut:** Abgeschnittene, gereinigte Stängel mit Bindfaden oder Bast zu lockeren Sträußen binden und an einer Leine zum

Trocknen aufhängen. Einzelne Blätter oder Blüten legen Sie auf einen mit Kunststoffgitter oder Netzgewebe bespannten Holzrahmen. Wichtig: von allen Seiten kann Luft zuströmen. Kleinere Pflanzenmengen können Sie im Backofen trocknen: bei 30 °C bis maximal 45 °C bei leicht geöffneter Ofentür (Kochlöffel einklemmen); auch ein Dörrgerät eignet sich gut. Der Trocknungsvorgang ist beendet, wenn sich die Blätter leicht von den Zweigen streifen lassen. Sie sollen dabei rascheln, aber nicht so trocken sein, dass sie zu Staub zerfallen. Bei Krautdrogen nach dem Trocknen verholzte Stängelteile entfernen.

Früchte/Samen: Stiele mit Fruchtständen oder Früchten zu Sträußen bündeln und kopfüber zum Nachreifen und Trocknen aufhängen. Unter den Bündeln Küchentücher auslegen und die ausgefallenen Samen einsammeln. Trockene Früchte ausklopfen, damit keine Samen verloren gehen. Verunreinigungen wie Blatt- und Stängelreste sollten entfernt werden.

Wurzeln: sorgfältig reinigen, waschen, abtrocknen und schadhafte Stellen ausschneiden. In Stücke schneiden und mit Stopfnadel auf starkem Faden auffädeln. Dicke Wurzeln zuvor längs durchschneiden. Achten Sie darauf, dass von allen Seiten Luft daran kann. Die Wurzeln sind trocken, wenn sie nicht mehr biegsam sind, sondern zerbrechen.

Aufbewahren

Bewahren Sie Ihre Pflanzenheilmittel in Schraubdeckelgläsern oder Teedosen mit dicht schließendem Deckel auf. Vergessen Sie nicht, die Gefäße zu beschriften und stellen Sie sie an einen möglichst dunklen, trockenen und kühlen Platz. Nach einem Jahr sollten Sie Ihre getrockneten Kräuter durch eine neue Ernte ersetzen.

Bewahren Sie getrocknete Pflanzenteile nicht in Kunststoffbehältern auf, sondern in gut verschließbaren Gefäßen aus Glas, Holz oder Weißblech.

Kräuter und Pflanzenteile, die Sie konservieren wollen, sollten Sie nicht waschen, dann bleiben die wertvollen Wirkstoffe erhalten.

Ein Heilgarten sollte so angelegt und

gepflegt werden, dass sich Pflanzen,

Tiere und Menschen wohl darin fühlen.

Aussaat
und Pflege

Voraussetzungen für die Gestaltung eines Heilgartens sind ein lebendiger, humusreicher Boden, angemessene Versorgung der Pflanzen mit Wasser und Nährstoffen, der Verzicht auf Gifteinsatz und der richtige Umgang mit den Gartenbewohnern.

Ansiedlung heilkräftiger Zierpflanzen

Ein- und zweijährige Gartenpflanzen werden im Allgemeinen direkt ins Freiland ausgesät, manche kälteempfindliche Arten auch bei Zimmertemperatur vorgezogen. Für Stauden und Gehölze ist das Aussaatverfahren oftmals langwierig und auch nicht immer erfolgreich. Daher ist es günstiger – vor allem, wenn Sie nur wenige Exemplare haben wollen – , von Fachbetrieben vorgezogene Jungpflanzen zu erwerben.

Viele Stauden und Gehölze können auch vegetativ, etwa durch Teilung oder Stecklinge, vermehrt werden. Hat man sie erst einmal im Garten, verbreiten sich manche Pflanzen durch Selbstaussaat oder Ausläuferbildung munter selbst – manchmal so stark, dass man eingreifen muss.

Aussaat im Freiland

Die Freilandaussaat der meisten Einjährigen erfolgt im Frühjahr – bei manchen kälteempfindlichen Arten nicht vor Mitte Mai. Zweijährige sät man allgemein erst im Sommer.

Im Herbst können einige Einjährige wie Goldmohn und Ringelblume sowie verschiedene Stauden und Gehölze ausgesät werden, deren Samen nicht behandelt werden müssen. Wichtig ist ein gut vorbereitetes Saatbeet: Unkraut entfernen und Kompost und eventuell Sand oder andere Bodenverbesserungsmittel einarbeiten. Die Jungpflanzen werden vereinzelt oder an ihren vorgesehenen Standort gesetzt.

Vorkultur

Etliche Arten können bereits im frühen Frühjahr bei Zimmertemperatur (Fensterbank, Frühbeet oder im Gewächshaus) ausgesät und vorkultiviert werden. Sie brauchen dazu Aussaaterde, Aussaatgefäße mit einem Loch am Boden für den Wasserabzug und als Verdunstungsschutz etwa Glasscheiben, Plastikfolien oder Einmachgläser, die über die Aussaatgefäße gedeckt werden.

Selbst Samen und Jungpflanzen von seltenen Arten und von Wildpflanzen erhalten Sie in Baumschulen, in Staudengärtnereien und über den Spezialversand.

Auch das richtige Zuschneiden von Bäumen und Sträuchern will gelernt sein.

Manche wild wachsende Pflanzen kommen von ganz allein in Ihren Garten. Sie sind meist sehr gut angepasst und gegen Schädlinge und Krankheiten widerstandsfähig.

Halten Sie sich bei Aussaat und Aussaatpflege an die auf den Samentüten aufgedruckten Empfehlungen. Sobald die ersten Laubblattpaare erschienen sind, muss pikiert (Umsetzen der Sämlinge in Einzeltöpfchen) oder ausgedünnt (Herausziehen der überschüssigen Sämlinge) werden. Oft ist ein nochmaliges Pikieren erforderlich, ehe im späteren Frühjahr – bei kälteempfindlichen Pflanzen erst ab Mitte Mai – in den Garten ausgepflanzt werden kann.

Jungpflanzen einsetzen

Vorgezogene oder gekaufte Jungpflanzen müssen im richtigen Abstand voneinander gesetzt werden, damit sie ungehindert wachsen können. Beachten Sie dazu auch die Hinweise bei den Pflanzenporträts in diesem Buch (Seite 42), auf Samentüten oder auf Schildchen an den Jungpflanzen selbst.

Günstig ist es, in die Pflanzlöcher ein wenig reifen Kompost zu geben, ehe man die Pflanzen hineinsetzt und sachte festdrückt. Die Jungpflanzen sollten unmittelbar nach dem Setzen stets gut gewässert werden.

Freiwillige Zuwanderer

Wildpflanzen aus der Flora Ihres Umlandes siedeln sich auch in Ihrem Garten an. Diese Zuwanderer sind in vielen Fällen dekorativ und außerdem heilkräftig dazu. Ihre Samen werden vom Wind hereingeweht oder von Ameisen, Vögeln und anderen Tieren, die Ihren Garten besuchen, verbreitet. Wenn solche Wildpflanzen an Stellen erscheinen, an denen Sie sie als störend empfinden – Stellen also, an denen sie »Unkraut« darstellen –, dann können Sie versuchen, sie an Ihnen genehme Stellen zu verpflanzen. Dies wird allerdings nicht immer gelingen, da viele der wild wachsenden Kräuter auf ein Umsetzen sehr empfindlich reagieren.

Vegetative Vermehrung

Aus Teilen des Pflanzenkörpers vieler Stauden und Gehölze lassen sich neue, mit der Mutterpflanze erbgleiche Pflanzen gewinnen.

Teilung: teilen des Wurzelballens oder der Rhizome; Abtrennen von Tochterzwiebeln. Günstiger Zeitpunkt im Frühjahr oder im Herbst, bei Zwiebelpflanzen nach der Blüte. Beispiele: Alant, Schwertlilie und Sonnenhut.

Stecklinge: frische, unverholzte, 10 bis 15 Zentimeter lange Triebe mit einem scharfen Messer direkt unterhalb eines Blattansatzes abschneiden. Die unteren Blätter entfernen und Triebe in einen Topf mit Anzuchterde oder ein Erde-Sand-Gemisch stecken. Gut wässern und vor zu starker Verdunstung schützen. Günstiger Zeitpunkt für Stecklinge: Frühjahr und Sommer. Beispiele: Lavendel, Rose, Salbei und Ysop.

Ausläufer: das Abtrennen der Tochterpflanzen. Günstiger Zeitpunkt: bei Gehölzen im Herbst, bei Stauden, sobald die Tochterpflanzen kräftig genug gewachsen sind. Beispiele: Hauswurz und Wohlriechendes Veilchen.

Pflanzenpflege

Die meisten heilkräftigen Zierpflanzen sind pflegeleicht, handelt es sich doch um ursprüngliche Arten und keine ausgefallenen Züchtungen. Sie brauchen Licht, Luft und Wasser, einen lebendigen Boden und Nährstoffe. Sind ihre Bedürfnisse erfüllt, können sie ihre Schönheit entfalten und heilkräftige Wirkstoffe aufbauen.

Die Bodenbeschaffenheit

Ein guter Gartenboden ist locker, warm und humusreich. Sowohl schwere, tonige als auch leichte,

Beim Anlegen eines Staudenbeetes sollten Sie sich vorher über die Ansprüche der Pflanzen informieren und darauf achten, dass die einzelnen Pflanzen zueinander passen.

Viele Gartenpflanzen können leicht vermehrt werden, beispielsweise durch Ausläufer.

Schwere und staunasse Böden brauchen Sandzumischung, Gründüngung und eventuell auch Dränagemaßnahmen.

sandige Böden können durch Kompostzugaben verbessert werden. Empfehlenswert sind Gesteins- und Tonmehle für Sandböden.

Viele Wildpflanzen teilen durch ihre Anwesenheit im Garten etwas über den Boden mit: Löwenzahn etwa wächst gern auf schweren, verdichteten, Hirtentäschelkraut auf stickstoffreichen, Königskerze auf leichten, sandigen Böden.

Kompost für den Boden

Dieses wertvolle Dünge- und Bodenverbesserungsmittel entsteht aus Garten- und Küchenabfällen, die somit wieder dem Stoffkreislauf zugeführt werden.

Wärme, Licht, den passenden Boden, Nährstoffe und Wasser – viel mehr brauchen Pflanzen nicht, um zu gedeihen.

Anlegen der Kompostmiete: Sie wird direkt auf der Erde angelegt (1 – 2 m breit, 80 –120 cm hoch, beliebig lang). Auf eine Schicht aus grobem Material (Stängel, Aststücke, Zweige) kommen Abfallschichten von etwa 20 Zentimeter Dicke. In den einzelnen Schichten trockene und feuchte Bestandteile gut vermischen, zwischen die Lagen Algenkalk und organischen Dünger (Hornmehl, vorjährigen Kompost, Brennnesseljauche, Kompoststarter) streuen. Die Kompostmiete so aufsetzen, dass die Seiten schräg abfallen. Den fertig aufgesetzten Kompost mit Gras, Reisig, Laub oder Säcken abdecken, um ihn vor zu viel Feuchtigkeit und Austrocknen zu schützen. Bei Trockenheit Kompost eventuell begießen.

Nicht kompostierbares Material: nicht verrottbare Stoffe wie Glas, Kunststoffe, Metalle; Schadstoffe enthaltendes Material; Unkräuter; Fleisch- und Fischabfälle; gekochte Speisereste; Fäkalien.

Umsetzen: Dabei befördert man die oberste Schicht nach unten, die äußeren Teile nach innen. Alles wird gründlich gemischt. Reifekompost entsteht nach einem bis drei Jahren.

Im Mittelpunkt – Wasser

Wasser ist eines der Sinnbilder des Lebens. In Klöster- und Bauerngärten bildete nicht selten ein Schöpfbrunnen das Zentrum des Gartens. Wasser sollte auch im Heilgärtlein nicht fehlen. Eine Regentonne nimmt das Nass aus der Dachrinne auf – mit dreifachem Gewinn:

1. Wasser im Garten ist wohltuend.

2. Wassersparen kommt Natur und Umwelt zugute.

3. Weiches, abgestandenes Wasser bekommt den Pflanzen besser als hartes Wasser aus der Leitung.

Wenn von Ihrem Dach ein Fallrohr das Wasser in die Kanalisation leitet, können Sie eine ausklappbare Abflussrin-

Wasser ist die Basis für jedes Pflanzenparadies.

ne einbauen. Klappen Sie diese am besten erst aus, wenn es eine Zeit lang geregnet hat. Sie verhindern so, dass allzu viel Schmutz aus der Luft und vom Dach in Ihre Tonne gelangt.

Düngen

Streuen Sie im Frühjahr reifen Kompost über die vorbereiteten Beete, im Herbst um die Stauden und Gehölze herum und arbeiten Sie ihn nur oberflächlich unter. Beachten Sie:

1. Einjährige Zierpflanzen schätzen wenig Zusatzdünger zu Beginn des Hauptwachstums. Zweijährige werden erst im zweiten Jahr gedüngt.

2. Den meisten Stauden und Gehölzen tut eine Gabe organischen Düngers im frühen Frühjahr wohl. Geeignete organische Dünger sind etwa Hornspäne und organische Dünger

Bewässerungsregeln

- Lieber seltener und gründlich als oft und oberflächlich wässern.
- Vorgesehene Wassermengen in kleineren Gaben gießen.
- Morgens und abends gießen, nie in der Mittagssonne, da sonst die Gefahr besteht, dass die Blätter »verbrennen«.
- Zudem würde ein großer Teil des Wassers verdunsten, ohne den Pflanzenwurzeln zugute zu kommen.
- Nicht vor der zweiten Maihälfte mit dem Wässern beginnen.

Decken Sie Ihre Regentonne mit einem Drahtgitter ab, damit keine Vögel oder anderen Tiere in ihr ertrinken können.

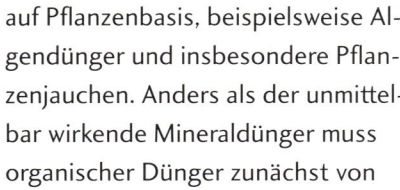

Aus dem »Unkraut« Brennnessel lässt sich ein wirksames Düngemittel herstellen.

Natürliche Düngemittel bringen Ihren Gartenpflanzen neue Energie: Brennnesseljauche ist besonders stickstoffreich, Beinwelljauche enthält wichtiges Kalium.

auf Pflanzenbasis, beispielsweise Algendünger und insbesondere Pflanzenjauchen. Anders als der unmittelbar wirkende Mineraldünger muss organischer Dünger zunächst von den Bodenlebewesen abgebaut werden. Er wirkt daher langsam, die Gefahr einer Überdosierung mit allen negativen Folgen (zu rascher Wuchs, Krankheitsanfälligkeit, zu starke Anreicherung mancher Schadstoffe, Verlust wertvoller Inhaltsstoffe) ist, anders als bei Mineraldünger, gering.

Pflanzenjauche selbst herstellen:
Pflanzenjauchen regen das Bodenleben an, kräftigen die Pflanzen und machen sie so weniger anfällig gegen Krankheiten und Schädlinge. Sie können die Pflanzen damit ein- oder zweimal im Frühjahr und Frühsommer düngen. Und so geht es:
1. In ein großes Gefäß aus Holz, Steingut oder Plastik 1 Kilogramm frische Brennnesseln oder Beinwell und etwa 10 Liter Wasser geben.

2. Alles gut umrühren. Mit einem Drahtgitter oder Holzrost als Schutz für Tiere abdecken. Täglich umrühren.
3. Nach wenigen Tagen beginnt die Gärung. Geruchsbildung lässt sich durch Zugabe einer Hand voll Steinmehl reduzieren. Die Jauche ist fertig, wenn sie nicht mehr schäumt (nach etwa zwei Wochen).
4. Abseihen. Mit der zehnfachen Menge Wasser verdünnen und damit morgens oder abends bei feuchtem Wetter und feuchter Erde gießen.

Der gesunde Garten

Einen Garten ohne Schädlinge kann (und soll) es nicht geben! Nur, wenn sich Schädlinge übermäßig vermehren, sollte man eingreifen. Zierpflanzen im Garten werden im Allgemeinen ohnehin seltener von Krankheiten und Schädlingen heimgesucht als Obst- und Gemüsepflanzen.
Wenn Sie Ihren Pfleglingen günstige Bodenverhältnisse, genügend Platz und Licht bieten und dabei ihre individuellen Bedürfnisse berücksichtigen, tun Sie schon viel für die Gesunderhaltung. Diese Maßnahmen helfen Pflanzen gesund zu bleiben:

1. Pflanzenjauchen, -kaltauszüge, -tees und -brühen sowie im Fachhandel erhältliche pulverisierte Pflanzen- und Flüssigextrakte, auch Gesteinsmehle und Algenkalk, die auf die Erde gestäubt werden, stärken die Pflanzen und aktivieren ihre Abwehrkräfte.

2. In einem giftfreien und an Unterschlupfmöglichkeiten reichen Garten mit Bäumen, Sträuchern und Hecken, Stein- und Laubhaufen leben auch so genannte Nützlinge, die Schädlinge kurz halten. Dazu gehören vor allem Vögel, Igel, Marienkäfer, Florfliegen, Kellerasseln, Ohrwürmer, Raubwanzen und Spinnen.

3. Setzen Sie stark duftende Kräuter wie Lavendel, Raute, Rosmarin, Salbei, Ysop u. a. zwischen die Zierpflanzen. Sie halten Schädlinge und Krankheitserreger ab.

Häufige Schädlinge und Krankheiten

Schnecken: Nacktschnecken, insbesondere die in den 60er-Jahren eingeschleppte Spanische Wegschnecke, sind in den letzten Jahren zunehmend zur Plage geworden. Maßnahmen: Lockern Sie im Spätherbst und im Frühjahr den Gartenboden. Dadurch gelangen die Schneckengelege an die Oberfläche, wo sie dem Frost und Fressfeinden ausgesetzt sind. Auch Schutzringe um die gefährdeten Pflanzen, aus trockenem und/oder spitzem Material wie Sägemehl, Beinwellblätter, sowie im Fachhandel erhältliche Schneckenzäune können helfen. Gut wirkt das für Menschen, Pflanzen und Tiere ungiftige Schneckenkorn Ferramol. Ohne Quälerei töten Sie Schnecken, in dem Sie sie mit der Gartenschere zerschneiden.

Blattläuse können Pflanzen schwächen. Falls das Abstreifen mit der Hand nicht ausreicht, spritzen Sie mit Brennnesselbrühe oder Rainfarntee.

Echter Mehltau wird durch Pilze verursacht und durch warme Witterung, Platzmangel und Überdüngung gefördert: weißlich mehliger, später bräunlicher Belag auf den Blattoberflächen. Maßnahmen: Pflanzen genug Platz geben, Schachtelhalmbrühe.

Falscher Mehltau wird durch Pilze verursacht und tritt vor allem bei nasser Witterung auf: weißgelber Belag auf der Ober-, weißgrauer Belag auf der Unterseite der Blätter. Maßnahme: Brennnesselbrühe.

Gegen Pflanzenkrankheiten, die durch Bakterien oder Viren verursacht sind, hilft leider nur das Entsorgen in der Biotonne. Wegen der Infektionsgefahr für andere Pflanzen sollten kranke Gewächse nicht auf den Kompost geworfen werden.

Gartenbewohner

In einer Zeit, in der die meisten Tiere mit vielen direkten und indirekten Bedrohungen durch den Menschen zu kämpfen haben und die Natur immer mehr verarmt, können auch Gartenbesitzer einen kleinen Beitrag zum Erhalt der Artenvielfalt leisten.

Säugetiere

Der Igel, eine alte Märchen- und Sagengestalt, wird wohl von den meisten Menschen geschätzt. Er gehört zu den Insektenfressern und ernährt sich von verschiedenen Insekten und ihren Larven, Würmern, Mäusen und in bescheidenem Umfang auch von Schnecken. Gern mag er auch Obst. Ein Haufen aus Ästen und Laub, der bis zum Frühjahr liegen bleibt, dient dem nachtaktiven Tier als Schlafplatz und Überwinterungsmöglichkeit.

Spitzmäuse sind keine Mäuse, sondern Insektenfresser. Man erkennt sie an ihrer spitzen Schnauze und dem kurzen Schwanz. Die nachtaktiven Tiere sind gefräßige Vertilger von Schnecken, Insekten und Larven. Katzen töten Spitzmäuse zwar, fressen sie aber nicht.

Halten Sie Vogelbad und Futterstellen für Vögel sauber, da sich sonst unter den Tieren leicht lebensgefährliche Salmonellen und andere Krankheitserreger verbreiten können.

Rotkehlchen sind fleißige Insektenvertilger.

Vögel

Fast alle den Garten besuchende Arten fangen zumindest für die Ernährung ihrer Jungen Insekten. Manche Vögel gehen allerdings auch an Jungpflanzen oder fressen Obst, insbesondere Kirschen. Wer wollte es ihnen verdenken! Droht der Schaden zu groß zu werden, kann man die Pflanzen mit Netzen, Folien und Ähnlichem schützen. In einem Heilgarten finden auch Vögel genügend Schutzmöglichkeiten (auch vor Katzen) in Sträuchern, Bäumen und Hecken sowie Früchte wie Hagebutten, die auch noch in der kalten Jahreszeit am Strauch hängen. Vogelarten wie

Meisen, Gartenrotschwanz und Staren kann man zusätzlich durch sachgerecht aufgehängte Nistkästen helfen. Eine Vogeltränke wird im Sommer gern angenommen, muss jedoch wegen der Infektionsgefahr für die Tiere stets sauber gehalten werden. Dies gilt auch für Futterstellen.

Kriechtiere und Lurche

Blindschleichen und Eidechsen ernähren sich ebenso wie Erdkröte und Grasfrosch von Nacktschnecken, Würmern, Insekten und ihren Larven. Sie brauchen Schlupfwinkel wie Mauernischen und Gestrüpp sowie Schutz vor Hunden und Katzen.

Insekten und Spinnen

Durch den Garten gaukelnde Schmetterlinge wie Tagpfauenauge, Kleiner Fuchs, Admiral, ja sogar Kohlweißling sind ein besonders schöner Anblick. Auch Bienen und Hummeln, die sich in großer Zahl an manchen Zier- oder Duftpflanzen aufhalten, gehören mit ihrem Gesumm und Gebrumm untrennbar zum Garten. Die im Spätsommer von reifenden Früchten angelockten Vertreter der Faltenwespen werden von vielen

Menschen verabscheut und geradezu gefürchtet. Die Tiere sind aber so gut wie nie aggressiv und belästigen uns meist nicht weiter. Gefährlich können Wespenstiche allerdings für Allergiker und kleine Kinder vor allem dann werden, wenn eine Wespe verschluckt wird. Aufmerksamkeit ist angesagt. Mehr im Verborgenen leben Insekten wie Marienkäfer, Ohrwürmer, Florfliegen, verschiedene Käfer, Schwebfliegen (ähneln auf den ersten Blick Wespen), die alle wie auch manche Spinnen eifrige Blattlausvertilger sind.

Schutz für die Wildtiere

Wichtig ist, dass im Garten grundsätzlich kein Gift eingesetzt wird. Es ist für sämtliche Tiere und natürlich auch für den Menschen schädlich. Der Garten sollte auch nicht zu »ordentlich« sein und durch Bäume, Sträucher, Laub- und Reisighaufen Lebensmöglichkeiten und Rückzugsgebiete für verschiedene Tiere bieten. Eine größere Pflanzenvielfalt im Garten gewährleistet, dass für verschiedene Ansprüche gesorgt ist.

Ein Garten mit Laub- und Reisighaufen, die bis zum Frühjahr liegen bleiben, bietet verschiedenen Tieren und Nützlingen im Winter Unterschlupf.

Viele Zierpflanzen sind zu Unrecht aus der Mode gekommen.

Denn sie sind attraktiv und besitzen Wirkstoffe, die sie für

Gesundheit, Küche und Schönheitspflege wertvoll machen.

Porträts *meiner* *liebsten* Heilpflanzen

Die Vorlieben für bestimmte Zierpflanzen sind individuell, und in unserem persönlichen Heilgärtlein möchten wir uns mit diesen Lieblingspflanzen auch umgeben.

Vier blaue Schöne

In diesem Kapitel möchte ich Ihnen meine Lieblingspflanzen unter den attraktiven und zugleich heilsamen Gartengewächsen vorstellen. Auch einige Heilpflanzen, die weit gehend nur als Fertigpräparate eingesetzt werden und solche, bei denen mehr der angenehme Geschmack als die Heilkraft im Vordergrund steht, gehören dazu. Ganz besonders schätze ich die vier »Blauen Schönen« – die Gewürzkräuter Borretsch, Lavendel, Salbei und Ysop. Alle diese Pflanzen sind pflegeleicht und robust. Bei den Pflanzenporträts der heimischen Pflanzen ist der Standort in der Natur angegeben und auch ihr besonderer gesetzlicher Schutz. Unter »Verwendung« nenne ich an erster Stelle, wie die Heilpflanze in der modernen Phytotherapie, die ein Teilgebiet der Schulmedizin ist, verwendet wird.

Dann folgen bewährte Anwendungen in der Volksmedizin, Einsatzmöglichkeiten in der Haut- und Haarpflege sowie der Küche. Wenn nicht anders angegeben, dann gilt für den Tee: 1 bis 2 Teelöffel Pflanzenteile mit 1/4 Liter siedendem Wasser übergießen, 10 Minuten zugedeckt ziehen lassen, abseihen. Täglich 2 bis 3 Tassen trinken. Der Tee kann mit Honig gesüßt werden. Beachten Sie die Warnhinweise!

Ein- und zweijährige Pflanzen

Die ein- und zweijährigen Sommerblumen und Gewürzkräuter müssen alljährlich oder alle zwei Jahre neu ausgesät werden.

Einjährige Pflanzen keimen, wachsen, blühen, fruchten und sterben innerhalb eines Jahres ab. Die Zweijährigen keimen und wachsen im ersten, blühen, fruchten und sterben im zweiten Jahr. Die ein- und zweijährigen Pflanzen, die ich Ihnen hier vorstelle, können alle problemlos an der Fensterbank vorgezogen oder im Freien ausgesät werden.

Neben Borretsch, Salbei, und Ysop zählt der Lavendel zu den vier blauen Schönen, die in jeden Heilgarten gehören.

Seit Jahrhunderten Zierde im Bauerngarten – die Königskerze.

Bei Gicht und Rheuma empfiehlt die Volksheilkunde Königskerzenöl: Waschen Sie eine Hand voll frische Königskerzenblüten und geben Sie sie in eine durchsichtige Flasche. Füllen Sie die Flasche mit Olivenöl auf, verschließen Sie sie und stellen Sie sie an einen sonnigen Platz. Nach drei bis vier Wochen Öl durch ein Tuch filtern.

Großblütige Königskerze, Wollblume *(Verbascum densiflorum)*
Familie der Rachenblütler. Zweijährig. Sonnige, trockene, steinige Stellen auch in Ortschaften; seit langem in Bauerngärten. Die Königskerze ist der Jungfrau Maria geweiht.
Merkmale: bis zu zwei Meter; dicker, filzig behaarter Stängel. Behaarte breit-eiförmige Blätter, am Stängel herablaufend; im ersten Jahr Blattrosette. Juli bis September in langen Trauben stehende gelbe Blüten (Durchmesser 35 bis 55 Millimeter).

Kultur: Aussaat im Juni und Juli auf ein Saatbeet. Im Herbst oder Frühjahr an den vorgesehenen Standort – sonnig; sandiger, trockener, etwas steiniger Boden – im Abstand von etwa 50 Zentimetern pflanzen. Selbstaussaat.
Ernte: Blüten ohne Kelch. Da sich die Blüten nacheinander öffnen, mehrmals an trockenen Vormittagen ernten. Blüten trocknen und sofort in ein gut verschließbares Gefäß füllen.
Inhaltsstoffe: Schleimstoffe, Bitterstoffe, Saponine, Flavonoide und ätherisches Öl.
Verwendung: Tee zur Schleimlösung bei Erkältung, Husten, Bronchitis, meist in Verbindung mit anderen »Hustenkräutern« (Eibisch, Huflattich, Malve, Spitzwegerich). Wegen der feinen Härchen, die die Schleimhäute reizen können, den Tee filtern.
Volksmedizin: »Königskerzenöl« und »Königskerzentinktur« (Blüten in 70%igem Alkohol eingelegt) zum Einreiben bei Gicht, Rheuma, neuralgischen Schmerzen sowie Ohrenschmerzen. Auch die Kleinblütige Königskerze (*Verbascum thapsus*; Blütendurchmesser 12 bis 30 Millimeter) kann verwendet werden.

Der Volksname »Pappel« für die Malve hängt mit »Papp«, einem Wort für Brei zusammen.

Wilde Malve *(Malva sylvestris)*

Familie der Malvengewächse. Zwei- bis mehrjährig. Wegränder, Zäune.
Merkmale: bis 125 Zentimeter hoch. Blätter behaart, rundlich, fünf- bis siebenlappig, gekerbter Rand. Mai/September rosa/violette Blüten.
Kultur: Aussaat im Frühjahr ins Freiland. Jungpflanzen im Abstand von etwa 40 Zentimetern an einen sonnigen Standort mit nährstoffreicher, wasserdurchlässiger Erde setzen.
Ernte: Mai bis August: Blüten (mit Kelch, ohne Stiel); Kraut; Blätter.
Inhaltsstoffe: Schleim, ätherisches Öl, Gerbstoffe, Mineralstoffe.
Verwendung: Tee zum Spülen und Gurgeln bei Mund- und Halsentzündungen und zum Trinken gegen Husten. In der Volksmedizin wird Tee bei Magenbeschwerden, Durchfall und für Wundumschläge verwendet.
Küche: Junge Malvenblätter können wie Spinat zu einem delikaten Gemüse verarbeitet werden.

Borretsch *(Borago officinalis)*

Familie der Raublattgewächse. Einjähriges Küchenkraut. Die Römer setzten Borretsch gegen die Melancholie ein. Im Mittelalter kam die Pflanze in die Klostergärten. Borretsch war Symbol des dreieinigen Gottes, Christi und der Jungfrau Maria.
Merkmale: Höhe bis 80 Zentimeter. Stängel und Blätter borstig behaart. Mai bis September sternförmige blaue Blüten, die Bienen anlocken.

Malventee gegen Halsentzündung: 2 TL aus Blüten, Blättern oder Kraut mit 1/4 Liter kaltem Wasser übergießen und über Nacht ziehen lassen, abseihen.

Der attraktive blau blühende Borretsch besitzt ein feines Aroma, das ihn zum beliebten Würzkraut macht.

Kultur: Aussaat April bis Juni ins Freiland; Jungpflanzen auf 50 mal 50 Zentimeter vereinzeln. Selbstaussaat. Sonnig bis halbschattig. Nährstoffreiche Erde; feucht halten.

Ernte: Juni/September.

Inhaltsstoffe: ätherisches Öl, Mineralstoffe, Vitamine, Pyrrolizidinalkaloide.

Die Mariendistel zählt seit dem Mittelalter zu den traditionellen Gartenpflanzen.

Volksmedizin: Tee aus frischen Blättern bei Erkältung sowie bei nervösen Herzbeschwerden. Bei Rheuma frische, gehackte Blätter in Milch verrührt einnehmen.

Küche: junge Blätter, sehr fein gehackt an Gurkensalat und andere Salate sowie Saucen, Suppen, Eintöpfe, Eierspeisen, Quark. Blüten als essbare Dekoration; können auch kandiert oder in Eiswürfel eingefroren werden.

Die Mariendistel wurde schon im 12. Jahrhundert von Hildegard von Bingen als Heilmittel eingesetzt.

Mariendistel *(Silybum marianum)*

Familie der Korbblütler. Ein- oder zweijährig. Heimisch in Südeuropa und Vorderasien; schon früh in mitteleuropäischen Gärten. Der Legende nach entstand die weiße Blattzeichnung durch Tropfen der Milch Marias.

Merkmale: Höhe bis 150 Zentimeter. Stängel stark verästelt. Blätter bis 30 Zentimeter lang, durchzogen von weißen Adern; Rand dornig gezähnt; Juli/September einzelne purpurrote Blütenköpfe mit stacheligen Hüllblättern. Hartschalige, glänzende Früchte mit Haarkranz (Pappus).

Kultur: Aussaat im Frühjahr ins Freiland. Jungpflanzen im Abstand von 30 bis 40 Zentimetern an sonnigen Standort mit magerem Boden setzen.

Ernte: August/September. Früchte ernten, so lange der Pappus an ihnen haftet; Früchte nachreifen lassen.

Inhaltsstoffe: Flavonoidgemisch Silymarin (auch als Fertigprodukt erhältlich), Bitterstoffe.

Verwendung: Tee aus den Früchten wirkt schützend und regenerierend auf das Lebergewebe: bei Fettleber, Verdauungsbeschwerden in Folge eingeschränkter Leberfunktion, nach überstandener Hepatitis. Aufguss 10 bis 20 Minuten ziehen lassen und dreimal täglich eine Tasse vor den Mahlzeiten trinken. Nur nach Rücksprache mit dem Arzt verwenden.

Ringelblume, Gartenringelblume
(Calendula officinalis)

Familie der Korbblütler. Einjährig. Stammt aus Südeuropa; zierte schon im Mittelalter Klostergärten und Bauerngärten. Hildegard von Bingen empfahl Ringelblume zur Entgiftung und gegen Hautkrankheiten.

Merkmale: Höhe 30 bis 60 Zentimeter. Der filzig behaarte Stängel enthält klebrigen Saft. Behaarte, längliche, am Rand fein gezähnte Blätter. Von Juni bis Oktober große goldgelbe/orange Blütenköpfe.

Kultur: im April/Mai Aussaat ins Freiland. Zu dicht stehende Pflanzen später im Abstand von etwa 20 Zentimetern setzen. An sonnigem Standort entwickeln die Pflanzen mehr ätherisches Öl. Selbstaussaat.

Ernte: die Blütenköpfe und die Zungenblüten.

Inhaltsstoffe: ätherisches Öl, Harz, Saponine, Bitterstoffe, Flavonoide, Carotinoide.

Verwendung: Tee äußerlich für Auflagen bei kleineren Riss-, Quetsch- und Brandwunden sowie bei Entzündungen von Haut und Schleimhäuten: 2 Teelöffel auf 1/4 Liter Wasser.

Volksmedizin: Der leicht krampflösend und gallefördernd wirkende Tee wird (1 bis 2 Teelöffel auf 1/4 Liter Wasser) bei Menstruations- und Verdauungsbeschwerden getrunken. Ringelblumensalbe äußerlich für schmerzende Gelenke und Muskeln, kleine Wunden, Entzündungen und Hautgeschwüre. Frische Blätter gegen Hühneraugen und Warzen.

Küche: Frische Blätter als Würze an Salate. Zungenblüten als Speisendekoration und als Lebensmittelfarbe.

Bei kleinen Wunden und Entzündungen empfiehlt die Volksheilkunde Ringelblumensalbe: 2 EL frische Blätter und Blüten mit 4 EL Kokosfett aufkochen; zehn Minuten abkühlen lassen; durch ein Tuch filtern und auspressen. Salbe kühl aufbewahren.

Die strahlend gelborange Ringelblume ist eine vielseitig einsetzbare Heilpflanze.

Die Blüten der Stockrose behalten auch getrocknet ihre Farbe und verschönern dadurch jede Teemischung.

Sehr anfällig für Rost: Vorbeugen mit Schachtelhalmtee.

Ernte: ganze Blüten mit Kelch.

Inhaltsstoffe: Schleim, Mineralien, Farbstoffe, Gerbstoffe, Bitterstoffe.

Verwendung: reizlindernder Tee zum Gurgeln und Spülen bei Mund-, Rachen- und Halsentzündungen; zum Trinken bei Husten und Heiserkeit meist in Teemischungen.

Küche: Blüten an Salate.

Stockrose

(Alcea rosea syn. Althaea rosea)

Familie der Malvengewächse. Zweijährig. Wurde im 16. Jahrhundert wahrscheinlich aus dem östlichen Mittelmeerraum importiert. In der Blumensprache bedeutete die Stockrose die Bitte um Verzeihung.

Merkmale: Höhe 1 bis 3 Meter. Aufrechter, behaarter Stängel. Fünf- bis siebenlappige Blätter mit gekerbtem Rand und herzförmigem Grund. Von Juli bis September weiße, gelbe, rosa, rote oder schwarzrote Blüten.

Kultur: Aussaat im Mai/Juni. Sonniger, geschützter Standort; nährstoffreicher, wasserdurchlässiger Boden.

Vorsicht: Übermäßiger Verzehr von Kapuzinerkresse kann zu schmerzhaften Reizungen von Magen, Darm, Niere und Blase führen.

Kapuzinerkresse *(Tropaeolum majus)*

Familie der Kapuzinerkressengewächse. Staude, die hier zu Lande einjährig gezogen wird. Gelangte aus Peru als Zierpflanze nach Europa.

Die Blüten der Kapuzinerkresse sind als essbare Tischdekoration eine Augenweide.

Merkmale: Höhe bis 50 Zentimeter; auch kletternde Sorten. Große, schildförmige, blaugrüne Blätter. Von Frühsommer bis Herbst große Trichterblüten in Gelb/Orange/Rot.

Kultur: Aussaat im März/April als Vorkultur. Ab Mai ins Freiland säen; sonnig bis halbschattig; durchlässiger, humoser Boden.

Ernte: frische Blätter und Blüten.

Inhaltsstoffe: Senfölglykoside und Vitamine.

Verwendung: bei Infektionskrankheiten (Harnwege, Bronchien). Volksheilkundliche Verwendung der Blätter als Salat zur Blutreinigung, zur Stärkung der Abwehrkräfte und unterstützend gegen Blasenentzündung.

Küche: die fein gehackten Blätter zu Quark oder als Brotbelag. Blüten zur Dekoration von Salaten.

Kalifornischer Mohn, Goldmohn
(Eschscholzia californica)

Familie der Mohngewächse. Einjährig. Stammt aus den südwestlichen Küstengebieten Nordamerikas.

Merkmale: Höhe 20 bis 60 Zentimeter. Fein gefiederte blaugrüne Blätter. Von Juli bis September gelbe bis orangefarbene Blüten.

Kultur: Aussaat im Frühjahr oder Spätsommer. Sonnig; wasserdurchlässige, magere Erde.

Ernte: Kraut zur Blütezeit.

Inhaltsstoffe: Alkaloide, Flavonoide.

Verwendung: schlaffördernder, beruhigender, krampf- und schmerzlindernder Tee. Wegen Alkaloidgehalts vor Verwendung den Arzt fragen.

Sonnenblume
(Helianthus annuus)

Familie der Korbblütler. Einjährig. In Nord- und Südamerika heimisch; Im 16. Jahrhundert importiert.

Merkmale: Höhe bis 3 Meter. Dicker, markgefüllter Stängel. Herzförmige Blätter. Juli/September von Hüllblättern umgebene, nickende Blüten-

Goldmohn wird als Tee oder in Fertigpräparaten auch von Vertretern der Schulmedizin bei Schlafstörungen, Nervosität und Wetterfühligkeit empfohlen.

Die Sonnenblume – beliebteste Sommerblume.

Topinambur, der mit der Sonnenblume verwandt ist, enthält Inulin. Dieser Stoff schmeckt süßlich, besitzt Sättigungs-, aber keinen Nährwert und erhöht den Blutzuckerspiegel nicht. Topinambur ist daher für Diabetiker geeignet.

köpfe: außen gelbe Zungenblüten, innen braune Scheibenblüten.

Kultur: Aussaat ab April ins Freiland. Pflanzen auf 40 bis 60 Zentimeter vereinzeln. Weil Schnecken Sonnenblumensämlinge lieben, empfiehlt sich die Anzucht im Topf. Standort sonnig, normaler Gartenboden.

Ernte: Blütenblätter, Kerne.

Inhaltsstoffe: in den Blütenblättern Flavonoide und andere Farbstoffe. In den Kernen Öl mit viel Vitamin E und ungesättigten Fettsäuren.

Volksmedizin: Blütenblättertee als Fiebermittel (2 bis 3 mal täglich eine Tasse). Kerne und Kernöl senken den Cholesterinwert.

Küche: Kerne, in der Pfanne angeröstet, an Gemüse, Salate und Brot.

Verwandt mit der Sonnenblume ist der auch aus Amerika stammende Topinambur *(Helianthus tuberosus)*. Die Knollen enthalten wertvolle Proteine, Vitamin C und viel Inulin.

Stauden

Stauden leben mehrere bis viele Jahre. Ihre weitgehend unverholzten oberirdischen Teile sterben am Ende der Vegetationsperiode meist ab. Stauden überwintern mit unterirdischen Organen (Zwiebeln, Knollen, Wurzelstöcken) oder auf der Erdoberfläche liegenden Knospen. Die folgenden schmückenden Stauden sind ideal für »faule« Gärtner, da sie über Jahre bleiben und nur wenig Pflege brauchen.

Bärlauch *(Allium ursinum)*

Familie der Liliengewächse. Feuchte, humusreiche Laubwälder.

Merkmale: Höhe 20 bis 25 Zentimeter. Zwiebelgewächs. Grundständige Blätter ähneln den giftigen Maiglöckchenblättern, riechen jedoch wie die gesamte Pflanze beim Zerreiben intensiv nach Knoblauch. Im April/Mai weiße sternförmige Blüten.

Bärlauch hat das würzige Aroma des Knoblauchs und schmeckt als Salat, Gemüse oder in Quark.

Kultur: Aussaat August/September an einen schattigen Platz unter Laubgehölzen (Kaltkeimer).
Samen etwa zwei Zentimeter mit Erde bedecken. Jungpflanzen entwickeln sich im Frühjahr. Selbstaussaat.
Ernte: frische Blätter vor der Blüte.
Inhaltsstoffe: Lauchöle, Flavonoide, Vitamin C.
Verwendung: Tee aus frischen Kraut bei Blähungen. Die günstige Wirkung auf die Blutgefäße ist geringer, die auf den Darm, insbesondere die Darmflora, stärker als bei Knoblauch.
Volksmedizin: Tee senkt Blutdruck.
Küche: die blutreinigend wirkenden Blätter im Frühjahr statt Knoblauch. Schmackhaft: grob gehackt auf Butterbrot; Bärlauchpesto; grob gehackte, in Öl gedünstete Blätter als Pizzabelag und zu Spagetti.

Gemeiner Beinwell
(Symphythum officinalis)

Familie der Raublattgewächse. Feuchte Wiesen, Bachufer. Im Mittelalter wichtige Heilpflanze in Klostergärten.
Merkmale: Höhe 50 bis 100 Zentimeter. Dicker, saftiger Wurzelstock. Stängel dick, kantig, mit steifen Haaren besetzt. Große, lanzettförmige,

rau behaarte Blätter. Von Mai bis September glockenförmige rosaviolette oder weißlich gelbe Blüten.
Kultur: Jungpflanzen im Abstand von 50 Zentimeter an halbschattige bis schattige Stellen mit feuchter, nährstoffreicher Erde setzen. Vegetative Vermehrung durch Teilung.
Ernte: Wurzelstock im Frühjahr vor der Blüte oder im Spätherbst. Der Länge nach durch- und in Stücke schneiden; auf Schnüren luftig und warm trocknen.

Inhaltsstoffe: Allantoin (ein Abbauprodukt des Eiweißstoffwechsels), Gerbstoffe, ätherisches Öl, Flavonoide, Pyrrolizidinalkaloide.
Verwendung: Allantoin regt die Geweweneubildung an. Für Umschläge bei Zerrungen, Prellungen, Verstau-

Wegen der giftigen Pyrrolizidinalkaloide wird nur noch die äußerliche Verwendung von Beinwell empfohlen. Sie gehen sicher, wenn Sie Fertigpräparate benutzen, da diese einen kontrollierten Alkaloidgehalt haben. Während der Schwangerschaft sollten Sie auf Beinwell ganz verzichten.

Beinwell blüht in verschiedenen Farben, am häufigsten purpur oder rotviolett, oft aber auch gelblich oder weiß.

Eberwurz ist auch als »Wetterdistel« bekannt, da sie bei Feuchtigkeit ihre Blätter schließt.

Vorsicht: Nicht jeder verträgt den Tee aus Eberwurz. Gelegentlich kann es beim Genuss zu Übelkeit kommen!

chungen, Blutergüssen, Wunden: 100 Gramm getrocknete Wurzeln in 1 Liter Wasser 10 Minuten kochen. Es lassen sich auch mit Wurzelbrei gefüllte Säckchen verwenden.

Eberwurz, Silberdistel *(Carlina acaulis)*

Familie der Korbblütler. Magerrasen, trockene Bergwiesen. **Merkmale:** Höhe bis 10 Zentimeter. Pfahlwurzel. Längliche, stachelig gezähnte Blätter in dicht dem Boden anliegender Rosette. Juni/September große Blütenköpfe mit silberweißen Hüllblättern, in der Mitte gelbliche Scheibenblüten. **Kultur:** sonnig; kalkige, magere Erde. **Ernte:** Wurzel im September/Oktober. **Inhaltsstoffe:** ätherisches Öl, Gerbstoffe, Harze, Inulin. **Volksmedizin:** Tee gegen Bronchialkatarrh; soll schweißtreibend, magenstärkend und anregend wirken: in 1/4 Liter Wasser 1 Teelöffel aufkochen, abseihen. 1 Tasse pro Tag.

Der echte Eibisch gilt als besonders geschützte Pflanze.

Echter Eibisch *(Althaea officinalis)*

Familie der Malvengewächse. Selten; auf salzhaltigen Böden an Ostseeküste, im Binnenland, insbesondere in der norddeutschen Tiefebene. **Merkmale:** Höhe bis 150 Zentimeter. Dicke, fleischige Wurzel. Behaarter Stängel. Blätter gelappt, filzig behaart, am Rand grob gezähnt. Von Juni bis August blassrosa Blüten. **Kultur:** Aussaat im Frühjahr. Sonnig; nährstoffreicher, humoser Boden. Vegetative Vermehrung durch Wurzelteilung und Fechser (Seitenwurzeln). Diese werden im Herbst abgeschnitten, den Winter über in Sand eingelagert und im Frühjahr im Abstand von 40 Zentimetern ausgepflanzt. **Ernte:** Wurzel im Spätherbst: entweder an der Luft oder bei künstlicher Wärme rasch trocknen (Gefahr von

Pilzbefall!). Junge Blätter und Blüten im Sommer ernten; rasch trocknen.
Inhaltsstoffe: Schleim, Stärke, Zucker, Pektine, Mineralstoffe.
Verwendung: Tee aus der Wurzel bei Durchfällen und Darmbeschwerden, gegen Husten, bei Entzündungen in Mund und Rachen als Gurgelmittel: 2 Teelöffel mit 1/4 Liter kaltem Wasser ansetzen, 2 Stunden ausziehen lassen, abseihen, erwärmen. Tee aus den Blättern bei Reizhusten.
Volksmedizin: frisch zerquetschte Blätter äußerlich bei Insektenstichen.
Küche: die essbaren Blüten zum Dekorieren von Speisen.

Echte Engelwurz
(Angelica archangelica)

Familie der Doldengewächse. Selten; an Ufern und auf Feuchtwiesen.
Merkmale: Höhe bis 2 Meter. Fleischige Wurzel. Stängel hohl, gerillt, oben verzweigt. Hellgrüne, gefiederte Blätter; auffällige Blattscheiden. Im Juli/August kleine grünlich weiße Blüten in halbkugeligen Dolden.
Kultur: Aussaat auf Saatbeet im Frühherbst (Kaltkeimer). Halbschatten; feuchte, humose, nährstoffreiche Erde. Selbstaussaat.

Engelwurz wird seit dem 14. Jahrhundert in unseren Gärten kultiviert und galt als Pflanze, die vor bösem Zauber schützt.

Ernte: Wurzel des zweiten Jahres im Spätherbst. Längs durchschneiden, auffädeln. Beim Trocknen ständig Schädlingsbefall kontrollieren.
Inhaltsstoffe: ätherische Öle, Harz, Bitterstoffe, Gerbstoffe.
Verwendung: Tee bei Blähungen, Völlegefühl, leichten Magen-und Darmkrämpfen: 2 Teelöffel mit 1/4 Liter Wasser aufkochen, kurz ziehen lassen, abseihen. Der Tee wirkt kräftigend. Vorsicht: Engelwurz kann die Haut lichtempfindlich machen.
Volksmedizin: Beliebt war Engelwurzwein schon im Mittelalter zur allgemeinen Kräftigung nach überstandener Krankheit.
Küche: Blätter in Gemüse und als Gewürz für Suppen, Salate und würzige Saucen.

Bewährtes Stärkungsmittel ist Engelwurzwein. Hierzu 50 g Wurzeln zerkleinern und mit 1 l Weißwein übergießen. Gefäß verschließen und zwei Tage stehen lassen. Abseihen und in dunkle Flasche füllen. Je ein Likörglas vor den Mahlzeiten trinken.

Echte Hauswurz
(Sempervivium tectorum)

Familie der Dickblattgewächse. Im Gebirge wild; seit Jahrhunderten zur Blitzabwehr in Gärten, auf Mauern und Dächern. Besonders geschützt!
Merkmale: Höhe 20 bis 40 Zenti-

meter. Blattrosette aus graugrünen, dickfleischigen, an der Spitze rötlichen, am Rand bewimperten Blättern. Juni/Juli rosa oder rötliche Blüten an beblätterten Stiel. Sie blüht erst nach vielen Jahren und stirbt danach ab.

Die Hauswurz gilt seit alters her nicht nur als Schutzmittel gegen Blitzeinschlag, sondern auch als Symbol für das ewige Leben.

Kultur: Aussaat ab April auf Saatbeet; Jungpflanzen umsetzen. Sonnig; magerer Boden, im Steingarten oder auf Mauern. Keinesfalls düngen! Vegetative Vermehrung durch Ausläufer.
Ernte: Blätter März bis September.
Inhaltsstoffe: Gerbstoffe, Apfelsäure, Schleim, Alkaloide.
Volksmedizin: Zerquetschte Blätter oder aus Blättern gepresster Saft äußerlich gegen Verbrennungen, Insektenstiche, Warzen, Hühneraugen.

Echtes Lungenkraut
(Pulmonaria officinalis)

Familie der Raublattgewächse. Laubwälder, Auwälder, Gebüsch.
Merkmale: bis 30 Zentimeter hoch. Kräftiger Wurzelstock. Stängel rau behaart. Grundblätter länglich, oberseits weiß gefleckt; Stängelblätter oval. März/ Mai gestielte, glockenförmige Blüten, die erst rot (Volksname »Hänsel und Gretel«).
Kultur: Pflanzung im Abstand von 30 Zentimetern an schattigen/halbschattigen Stellen mit feuchter, humoser Erde. Vegetative Vermehrung durch Teilung. Selbstaussaat.
Ernte: blühendes Kraut.
Inhaltsstoffe: Flavonoide, Saponine und Kieselsäure.
Volksmedizin: Tee gegen Husten, Verschleimung, Heiserkeit, Durchfall.

Echtes Lungenkraut blüht erst rot, später blau.

Echte Schlüsselblume, Wiesenschlüsselblume *(Primula veris)*

Familie der Primelgewächse. Waldränder, feuchte Wiesen, Gebüsch. Besonders geschützt!

Merkmale: Höhe 15 bis 20 Zentimeter. Blätter in Rosette, eiförmig, am Rand eingerollt. Im April/Mai an einem Blütenstängel doldenförmig angeordnete Blüten mit weißgrünem Kelch und goldgelber Krone.

Kultur: Jungpflanzen im Abstand von 30 Zentimetern an sonnigen/halbschattigen Platz mit durchlässiger, nährstoffreicher Erde setzen. Vegetative Vermehrung durch Teilung.

Ernte: Wurzel im September oder im Frühjahr vor der Blüte. Vollständig geöffnete Blüten mit oder ohne Kelch; rasch im Schatten trocknen.

Inhaltsstoffe: Saponine, Flavonoide, ätherisches Öl, Gerbstoffe und Kieselsäure.

Verwendung: Schleimlösender und reizmildernder Tee aus Wurzel oder Blüten hilft bei Husten und Katarr der oberen Luftwege:
1 Teelöffel voll Wurzel mit 1/4 Liter Wasser übergießen, 2 Stunden ziehen lassen, aufkochen, abseihen. Den Blütentee als Aufguss.

Schlüsselblumen sind an ihren natürlichen Standorten geschützt.

Volksmedizin: Tee aus Wurzel oder Blüten wirkt beruhigend, schlaffördernd, Blut reinigend, gegen Migräne.

Küche: junge Blätter für Suppen oder Salat. Blüten (ohne grüne Teile, Staubblätter und Stempel) an Salate.

Warnung: Bei Verwendung von Schlüsselblumen kann es zu allergischen Reaktionen, der so genannten Primelallergie, kommen!

Wohlriechendes Veilchen, Märzveilchen *(Viola odarata)*

Familie der Veilchengewächse. Wächst an Hecken, Zäunen, Waldrändern; wohl aus Gärten verwildert. Seit dem 9. Jahrhundert als Gartenpflanze in Mitteleuropa nachgewie-

Die Schlüsselblume galt im Volksglaube als Mittel, um verborgene Schätze zu finden. In der Blumensymbolik gilt sie als Pflanze der Gottesmutter Maria, die sinnbildlich den Himmel aufschließt.

Die zarten Blätter des Veilchens eignen sich für Salate und als wohlschmeckende Speisendekoration.

sen. Das Veilchen ist Symbol der Demut und des höchsten Wertes.

Merkmale: Höhe bis 15 Zentimeter. Wurzelstock. Blätter rundlich, nieren- bis herzförmig, fein behaart, gestielt, am Rand gekerbt. Im März/April dunkelviolette, duftende Blüten. Vegetative Vermehrung durch ober- und unterirdische Ausläufer.

Kultur: Aussaat im Herbst auf einem Saatbeet (Kaltkeimer). Im Frühjahr im Abstand von 20 Zentimetern an halbschattige Stellen mit feuchter, nährstoffreicher Erde setzen.

Ernte: Kraut und Blüten zur Blütezeit. Wurzelstock im Oktober.

Alant war in der germanischen Mythologie dem Gott Odin geweiht. Von daher leitet sich sein volkstümlicher Name »Odinskopf« ab.

Inhaltsstoffe: Saponine, Bitterstoffe, ätherisches Öl.

Verwendung: Wurzeltee als auswurfförderndes Hustenmittel. In der Volksmedizin wird der Aufguss aus dem Kraut in gleicher Weise verwendet. Der Tee eignet sich für Hautwaschungen bei unreiner Haut. Der tiefblaue Veilchensirup war früher Mittel gegen Husten, Verschleimung und Schlafstörungen. Veilchenblüten gelten als nervenberuhigend.

Küche: Blüten an Frühlingssalate, verarbeitet als Konfekt, Gelee, Gebäck oder kandiert.

Alant *(Inula helenium)*

Familie der Korbblütler. Heimat vermutlich Zentralasien; kam als Zier- und Heilpflanze schon im Altertum nach Südeuropa und von dort im Mittelalter nach Mitteleuropa. Der Alant gilt als Symbol der Erlösung.

Merkmale: Höhe bis 3 Meter. Dicker, fleischiger Wurzelstock. Stängel dick, behaart, oben verzweigt. Blätter auf der Unterseite filzig behaart, am Rande gekerbt oder gezähnt; Grundblätter länglich, Stängelblätter herzförmig und stängelumfassend. Juni bis September große, gelbe Blütenköpfe.

Kultur: Aussaat im Frühjahr. Sämlinge im Herbst oder im folgenden Frühjahr im Abstand von etwa 50 Zentimeter verpflanzen. Sonne oder Halbschatten; feuchte, nährstoffreiche Erde. Vegetative Vermehrung durch Teilung.

Ernte: Wurzelstock Herbst des dritten oder Frühjahr des vierten Jahres.

Inhaltsstoffe: ätherische Öle, Inulin, Bitterstoffe.

Verwendung: In der Volksmedizin wird der Tee aus der Wurzel gegen Magenschwäche, Verschleimung und als Kräftigungsmittel eingesetzt. Gegen Appetitlosigkeit wirken frische, gut gereinigte Alantwurzelstückchen, die vor den Hauptmahlzeiten gut gekaut und eingespeichelt werden.

Warnung: Bei der Verwendung von Alant kann es zu allergischen Reaktionen kommen!

Die Herkunft heilkräftiger Zierpflanzen

Aus der Heimatnatur	Vom Mittelmeer	Aus der Neuen Welt und aus Fernost
Großblütige Königskerze	Borretsch	Kapuzinerkresse
Wilde Malve	Mariendistel	Kalifornischer Mohn
Bärlauch	Ringelblume	Sonnenblume
Gemeiner Beinwell	Stockrose	Indianernessel
Eberwurz	Alant	Schmalblättriger Sonnenhut
Echter Eibisch	Weiße Lilie	Gingko
Echte Engelwurz	Ysop	
Echte Hauswurz	Römische Kamille	
Echtes Lungenkraut	Lampionblume	
Echte Schlüsselblume	Essigrose	
Wohlriechendes Veilchen	Süßkirsche	
Heckenrose	Echter Lavendel	
Schwarzer Holunder	Echter Salbei	

Die Lilie duftet am Abend betörend. Sie wird von Nachtschmetterlingen bestäubt.

Lilienöl hilft bei Brandwunden und Insektenstichen: Eine Hand zerkleinerte Lilienblütenblätter mit 3/4 Liter Olivenöl mischen. In eine Flasche füllen, verschließen und sechs Wochen in die Sonne stellen. Abfiltern.

Weiße Lilie, Madonnenlilie *(Lilium candidum)*

Familie der Liliengewächse. Aus den östlichen Mittelmeerländern; wurde wahrscheinlich von den Römern nach Mitteleuropa gebracht.
Merkmale: bis 180 Zentimeter hoch. Zwiebel. Lange, schmale Blätter. Juni/Juli weiße, trichterförmige Blüten.
Kultur: Im August Zwiebeln in Dreiergruppen 3 bis 5 Zentimeter unter die Erdoberfläche legen (Abstand 40 Zentimeter). Sonnig; humose, nährstoffreiche Erde. Vermehrung durch Tochterzwiebeln.
Ernte: Blütenblätter.
Inhaltsstoffe: Polysaccharide, Gerbstoffe, ätherische Öle.
Volksmedizin: Lilienöl wurde bei Brandwunden, Quetschungen und Insektenstichen gern eingesetzt.

Deutsche Schwertlilie *(Iris germanica)*

Familie der Schwertliliengewächse. Östlicher Mittelmeerraum. Seit dem 9. Jahrhundert in Kloster- und Burggärten heimisch. Symbol für den Bund Gottes mit den Menschen.
Merkmale: Höhe bis 1 Meter. Lange, schwertförmige Blätter. Mai/Juni an aufrechten Blütenstängeln große Blüten: äußere drei Blütenblätter dunkelviolett, nach unten hängend; innere drei Blätter aufrecht und heller.
Kultur: Rhizome im Sommer so flach legen, dass sie nicht völlig mit Erde bedeckt sind. Sonnig; humusreicher, feuchter Boden. Rhizomteilung.

Die Schwertlilie stammt ursprünglich aus dem östlichen Mittelmeerraum.

Ernte: Wurzelstock im Herbst. Er wird getrocknet und dann zerkleinert. Die Droge wird wegen ihres Duftes als »Veilchenwurzel« bezeichnet und gilt als beliebtes Duftfixiermittel für Duftkissen und Potpourris.
Verwendung: Der Wurzelstock wurde als Hustenmittel eingesetzt.

Attraktiv und heilkräftig – die Römische Kamille.

Römische Kamille *(Chamaemelum nobilie* syn. *Anthemis nobilis)*

Familie der Korbblütler.
Merkmale: bis 15 Zentimeter hoch; bodendeckend; gefiederte Blätter. Juni/Oktober weiße Blütenköpfe.
Kultur: Aussaat im Frühjahr als Vorkultur oder später ins Freiland. Sonnig; nährstoffreicher Boden. Vegetative Vermehrung durch Ausläufer.
Inhaltsstoffe: ätherisches Öl, Bitterstoffe, Flavonoide.

Ernte: die Blütenköpfchen.
Verwendung: Tee bei Blähungen, leichten Magen- und Darmkrämpfen, bei Mund- und Rachenentzündungen.

Lampionblume, Blasenkirsche, Judenkirsche *(Physalis alkekengi)*

Familie der Nachtschattengewächse. Weinberge, Wälder, Gebüsch.
Merkmale: Höhe bis 75 Zentimeter. Paarweise zusammenstehende, gestielte Blätter. Im Juni und August grünlich weiße Blüten. Frucht: rote Beere, von orangeroten Blütenkelch umschlossen.
Kultur: Aussaat März (Vorkultur); im Herbst knapp über dem Boden abschneiden. Vermehrung durch Teilung und Wurzelausläufer.
Ernte: reife Früchte.
Inhaltsstoffe: Alkaloide, Vitamine, Bitterstoffe, Gerbstoffe.
Volksmedizin: Die Früchte gelten als hilfreich bei Nieren- und Blasenleiden sowie bei Gicht und Rheuma.

Die Blütenkelche der Lampionblume enthalten rote, wohlschmeckende Beeren.

Die Früchte der Lampionblume können roh oder gekocht gegessen werden. Vorsicht: Wegen der enthaltenen Alkaloide sollten Sie jedoch nicht zu viel davon verzehren.

Die Blätter der Indianernessel schmecken nach Zitrusaroma und ergeben einen wohlschmeckenden Tee.

Indianernessel, Goldmelisse
(Monarda didyma)

Familie der Lippenblütler. Kam im 18. Jahrhundert als Zierpflanze aus Nordamerika nach Europa.

Merkmale: Höhe bis 100 Zentimeter. Ovale, am Rand gezähnte Blätter. Juni/Oktober hellrote Blüten, in Etagen in Quirlen angeordnet.

Kultur: sonnig; humoser Boden. Vermehrung durch Teilung.

Ernte: Blätter im Sommer.

Inhaltsstoffe: ätherische Öle, Bitterstoffe, Gerbstoffe.

Volksmedizin: Tee aus den Blättern wirkt verdauungsfördernd.

Küche: Blätter (zitronenartiges Aroma) und Blüten als Würze/Dekoration an Salate und Desserts.

Die Indianernessel spielte beim Auftakt des amerikanischen Unabhängigkeitskrieges eine Rolle: Die Kolonisten boykottierten den aus England gelieferten Schwarztee und tranken dafür Tee aus Indianernesselblättern.

Roter Sonnenhut
(Echinacea purpurea)

Familie der Korbblütler. Kam aus Nordamerika nach Europa. Erst seit die Wirksamkeit des bereits von den Indianern arzneilich verwendeten Sonnenhuts nachgewiesen wurde, wird die Pflanze auch bei uns als Arzneipflanze verarbeitet.

Merkmale: Höhe 60 bis 120 Zentimeter. Stängel und Blätter borstig behaart. Kurze, gestielte, ganzrandige Blätter. Sommer und Herbst große Blütenköpfe: rosa/rote äußere Blüten, dunklere innere Scheibenblüten.

Kultur: sonnig; nährstoffreiche, durchlässige Erde. Im Herbst bis auf den Boden zurückschneiden. Alle paar Jahre Pflanzen teilen.

Leuchtende Blütenpracht – Roter Sonnenhut.

Ernte: Kraut der aufgeblühten Pflanzen. Wurzel im Frühjahr oder Herbst.
Inhaltsstoffe: Polysaccharide, Bitterstoffe, Harze, ätherisches Öl.
Verwendung: Kraut als Tee; da Wurzel- und Krautdrogen weitgehend wirkungslos sind, sollte man in der Apotheke erhältliche Fertigpräparate verwenden. Sie beugen Erkältungskrankheiten sowie Harnwegsinfekten vor und steigern die Abwehrkräfte. Echinaceasalbe hilft bei Rheumatismus und bei der Wundbehandlung. Die Wurzel des Schmalblättrigen und des Blassen Sonnenhuts *(Echinacea angustifolia und E. pallida)* werden in gleicher Weise verwendet.
Warnung: Sonnenhut kann wie alle Korbblütler allergische Reaktionen auslösen. Echinaceapräparate sollten bei bereits voll entwickelten Infekten innerlich nicht mehr verwendet werden, da das Immunsystem dann ohnehin schon auf Hochtouren arbeitet. Wegen der Gefahr überschießender Immunreaktionen ist auch bei Allergikern und unter Autoimmunkrankheiten Leidenden Vorsicht geboten. Lassen Sie sich vor der Verwendung von Echinaceapräparaten ärztlich beraten!

Holzgewächse – Sträucher, Bäume

Holzgewächse heißen so, weil sie in ihren oberirdischen Teilen weitgehend verholzt sind. Bäume sind im Allgemeinen in Krone und unverzweigten Stamm gegliedert. Sträucher verzweigen sich bereits im unteren Bereich. Bei den Halbsträuchern sterben die oberen krautigen Teile alljährlich ab, doch der untere Teil des Stängels verholzt und ist ausdauernd.

Auch in kleinen Gärten sollten ein oder zwei Sträucher, die man in Gartenecken setzen oder außerhalb des Gartens als Wind- und Kälteschutz pflanzen kann, nicht fehlen.

Dafür gibt es gute Gründe. Bäume und Sträucher bieten Vögeln und anderen Tieren Nahrung und Schutz; sie spenden im Sommer kühlen Schatten, schützen vor Wind und Kälte und manche schenken uns zudem Früchte, die für Küche und Schönheitspflege eine Bereicherung sind. Früher hatte jedes Haus einen eigenen Hausbaum, von dem sich die Hausbewohner beschützt fühlten. Es war stets ein Laubbaum.

Oft wird der Rote Sonnenhut *(Echinacea purpurea)* mit der einjährigen Sommerblume Sonnenhut *(Rudbeckia hirta)* verwechselt, die keine Heilpflanze ist.

Wenn Sie einen kleinen Garten haben, dann können Sie statt des Holunderbaumes auch einen Obstbaum zum schützenden Hausbaum erklären.

Früher glaubte man, dass der Holunderbaum von einem guten weiblichen Geist bewohnt wird.

Schwarzer Holunder
(Sambucus nigra)

Familie der Holundergewächse. Sommergrüner Strauch. Nährstoffreiche, feuchte Böden, besonders am Waldrand. Seit ältesten Zeiten wird der Holunder in Hausnähe oder am Rand des Gartens gehegt. Seine Blüten verkünden den Sommers, seine Früchte den Herbst.

Merkmale: bis 10 Meter hoch. Blätter dunkelgrün, gefiedert mit eiförmigen, lang zugespitzten, am Rand gesägten Teilblättern. Juni gelbliche, duftende Blüten in flachen, doldenartigen Blütenständen. Im September schwarzviolette Steinfrüchte.

Ernte: Blätter April bis Mai. Blüten. Früchte im September.

Inhaltsstoffe: in den Blüten Flavonoide, ätherisches Öl, Glykoside, Gerbstoffe. In den Früchten Vitamine, Mineralien, Blausäureglykoside.

Verwendung: Tee aus getrockneten Blüten zur Steigerung der körpereigenen Abwehr. Bei drohendem

Vorsicht: Die rohen Früchte des Holunders sind giftig. Verzehren Sie Holunderbeeren daher nur in gekochtem Zustand.

grippalem Infekt mehrmals täglich 1 Tasse. In der Volksmedizin wird der Blütentee gegen Rheuma und zur Blutreinigung eingesetzt; Tee aus den Blättern ebenfalls zur Blutreinigung.

Küche: Blütendolden für Hollerkücheln, Holunderwasser und Holundersekt. Aus den Früchten Saft, Mus, Gelee, Wein.

Heckenrose, Hundsrose
(Rosa canina)

Familie der Rosengewächse. Sommergrüner Strauch. Sonnige Waldränder, Hecken, Wegränder. Außer der Heckenrose gibt es viele andere ebenfalls verwendbare Wildrosen.

Merkmale: Höhe bis 3 Meter. Überhängende Äste mit vielen Stacheln. Fiederblätter am Rand gezähnt.

Für Küche und Gesundheit vielseitig einsetzbar – die Heckenrose.

Im Juni/Juli rosa bis weiße, duftende Blüten. Im Herbst eiförmige, leuchtend rote Schalen, die Hagebutten. Sie enthalten die Früchte (oftmals fälschlich als Samen bezeichnet).

Kultur: sonnig bis halbschattig; keine besonderen Bodenansprüche. Vermehrung durch Ausläufer.

Ernte: Hagebutten im Oktober/November, am besten, wenn sie durch einmalige Frosteinwirkung erweicht sind. Hagebutten von Blüte und Stiel befreien und der Länge nach aufschneiden. Nach Entfernen der Kerne (Früchte) trocknen. Früchte nach Abspülen der Härchen trocknen.

Inhaltsstoffe: Gerbstoffe, Flavonoide, Vitamin C, Fruchtsäuren.

Verwendung: Tee aus den Fruchtschalen zur allgemeinen Kräftigung sowie zur Vorbeugung gegen Infektionen: 2 Teelöffel mit 1/4 Liter kochendem Wasser übergießen und 15 bis 30 Minuten ziehen lassen.

Volksmedizin: Der wohlschmeckende Tee aus den von Härchen gereinigten Hagebuttenkernen (Früchten) wirkt harntreibend und blutreinigend: bei Rheuma und Gicht.

Küche: Aus den Hagebutten wird Saft, Mus und Marmelade bereitet.

Kirschbaum, Süßkirsche, Vogelkirsche *(Prunus avium)*

Familie der Rosengewächse. Der Kirschbaum steht für den »Baum des Lebens« und manchmal nimmt er auch als »Baum der Erkenntnis« die Stelle des Apfelbaums ein.

Merkmale: Höhe bis 20 Meter. Blätter breit lanzettförmig, am Rand gesägt; am Blattstiel zwei große rote Drüsen. Im April/Mai weiße Blüten in Büscheln. Im Mai/Juni hell- bis dunkelrote Steinfrüchte.

Kultur: tiefgründiger, lehmhaltiger, lockerer Boden.

Ernte: vollreife Früchte.

Inhaltsstoffe: Anthocyane (Farbstoffe, die als Radikalenfänger wirken und Entzündungen lindern), Vitamin C, Folsäure, Kalzium, Eisen, Kalium.

Vor 2.000 Jahren brachte der römische Feldherr Lucullus den ersten Kirschbaum aus seiner Heimat Kleinasien nach Rom. Von dort gelangte die Kirsche in die Regionen diesseits der Alpen.

Volksmedizin: Tee aus getrockneten Blütenblättern zur Nerven- und Herzstärkung, auch gegen Durchfall und Halsschmerzen. Entspannender und hautpflegender Badezusatz. Das sehr teure ätherische Öl wirkt entspannend und stimmungsaufhellend. Es wird auch für Kosmetika verwendet. **Küche:** frische oder kandierte Blütenblätter zur Speisendekoration.

Ihren Namen besitzt die »Apothekerrose« weil sie in den mittelalterlichen Klostergärten als Heilpflanze verwendet wurde.

Essigrose, Apothekerrose
(Rosa gallica)

Familie der Rosengewächse. Sommergrüner Strauch. Stammt von der südeuropäischen *Rosa rubra* ab. Seit dem frühen Mittelalter als Gartenpflanze in Mitteleuropa nachgewiesen; kommt auch verwildert vor.

Merkmale: Höhe bis 80 Zentimeter. Stacheln an Stängeln und Zweigen. Fiederblätter am Rand gezähnt. Im Juni/Juli große, rote, gefüllte oder ungefüllte duftende Blüten.

Kultur: sonnig; lockerer, humusreicher Boden. Im Herbst (in rauen Gegenden Frühjahr) im Abstand von 1 Meter pflanzen.

Ernte: Blütenblätter.

Inhaltsstoffe: ätherisches Öl, Gerbstoffe, Glykoside.

Das in Apotheken und im Lebensmittelhandel erhältliche Rosenwasser wird für die Marzipanherstellung, zum Aromatisieren von Süßspeisen und Gebäck sowie für die Hautpflege verwendet.

Echter Lavendel
(Lavandula angustifolia)

Familie der Lippenblütler. Immergrüner Halbstrauch. Als Symbol der Reinheit und Keuschheit ist Lavendel ein Symbol der Gottesmutter Maria.

Benediktinermönche brachten im Mittelalter den Lavendel aus Italien mit.

Merkmale: Höhe bis 60 Zentimeter. Lange, schmale silbergraue Blätter, die filzig behaart sind. Juni bis September blauviolette Blüten in ährigen Blütenständen. Die Pflanze duftet bei Berührung und Zerreiben intensiv.

Kultur: sonnig; trockene, leicht kalkhaltige Erde. Sparsam gießen. Im August zurückschneiden.

Ernte: junge Blätter, Triebspitzen und Blüten. Zum Trocknen geeignet.

Inhaltsstoffe: ätherisches Öl, Gerbstoffe, Flavonoide.

Verwendung: Blüten als Tee oder Bad bei Einschlafstörungen, Unruhe und Kreislaufstörungen. In der Volksmedizin bei Magen- und Darmbeschwerden sowie Kopfschmerzen.

Küche: Gewürz an Wild, Lamm, Fisch, Eintopf, Gemüse, Süßspeisen.

Echter Salbei (*Salvia officinalis*)

Familie der Lippenblütler. Immergrüner Halbstrauch. Die Griechen und Römer schätzten die Pflanze sehr. Der Salbei gelangte mit den römischen Soldaten nach Mitteleuropa.

Merkmale: Höhe 50 bis 70 Zentimeter. Längliche, graufilzig behaarte Blätter. Juni bis August blauviolette Blüten in ährigen Blütenständen.

Salbei bleibt das ganze Jahr über grün und kann als Gewürz- und Heilkraut ganzjährig geerntet werden.

Kultur: sonnig, warm; lockere, sandige, leicht kalkhaltige Erde. Im Frühjahr Pflanze vor dem Neuaustrieb zurückschneiden. Winterschutz aus Reisig in rauen Lagen.

Ernte: Ganzjährig die Blätter (während der Blüte ist das Aroma stark beeinträchtigt). Zum Trocknen Blätter und Triebspitzen kurz vor der Blüte abschneiden.

Inhaltsstoffe: ätherisches Öl, Gerbstoffe, Bitterstoffe, Flavonoide.

Verwendung: Tee innerlich bei Magen-Darmbeschwerden, die auf mangelnde Bildung von Verdauungssäften beruhen sowie bei übermäßigem Schwitzen. Zum Gurgeln und Spülen bei Entzündungen der Mund- und Rachenschleimhaut.

Der Salbei besitzt als Heilpflanze eine lange Tradition. Abt Walahfrid von Kloster Reichenau preist ihn in einem Gedicht aus dem Jahr 827 als »süß von Geruch, voll wirkender Kräfte und heilsam zu trinken«.

Vorsicht: Salbei enthält giftiges Thujon. Daher sollte die Pflanze während der Schwangerschaft und Stillzeit nicht verzehrt werden.

Volksmedizin: allgemeines Kräftigungsmittel (Salbeiwein). Aufguss als Spülung für dunkles Haar. Gesichtswasser wirkt straffend und belebend bei fettiger oder Mischhaut.
Küche: Blätter zu Fleisch, Fisch, Geflügel, Käse, Hülsenfrüchten, Kartoffel-, Gemüse- und Nudelgerichten.

Der blau blühende Ysop gilt als beliebtes Würzkraut.

Ysop *(Hyssopus officinalis)*

Familie der Lippenblütler. Immergrüner Halbstrauch. Stammt aus dem östlichen Mittelmeerraum; wurde im Mittelalter von Mönchen importiert. Hildegard von Bingen schätzte Ysop sehr, denn sie schreibt: »... er ist von so großer Kraft, dass sogar der Stein ihm nicht widerstehen kann, der dort wächst, wo der Ysop hingesät wird.«

Merkmale: Höhe 30 bis 70 Zentimeter. Kleine, schmale, beidseitig behaarte Blätter. Von Juni bis Oktober tiefblaue Blüten in ährigen Blütenständen.
Kultur: sonnig, warm; lockerer, sandiger, leicht kalkhaltiger Boden. Sparsam wässern. Im Frühjahr zurückschneiden. In rauen Gegenden Winterschutz.
Ernte: junge Blätter und Triebspitzen von Frühjahr bis Herbst. Zum Trocknen blühende Triebe schneiden.
Inhaltsstoffe: ätherisches Öl, Gerbstoffe, Bitterstoffe.
Verwendung: In der Volksmedizin Tee innerlich bei trockenem Husten und bei Magen-Darm-Störungen.
Küche: Gewürz an Fleisch (insbesondere Kalbfleisch), Geflügel, Fisch, Suppen, Salate, Obstsalat.

Ginko *(Ginkgo biloba)*

Familie der Ginkogewächse. Sommergrüner Baum. Der deutsche Arzt Engelbert Kaempfer entdeckte im 17. Jahrhundert in Japan den für ausgestorben gehaltenen Baum. Der erster Ginko in Europa wurde wahrscheinlich 1730 im holländischen Utrecht gepflanzt.

Merkmale: Höhe bis 40 Meter; wächst jedoch langsam, ist daher auch für kleinere Gärten geeignet. Langstielige, fächerförmige, deutlich zweilappige Blätter. Männliche Kätzchenblüten und weibliche Blüten auf verschiedenen Individuen (zweihäusig). Samen von gelber, kirschgroßer, fleischiger Hülle, die unangenehmen Geruch verströmt, umgeben.

Kultur: sonnig; keine besonderen Bodenansprüche. In den ersten Jahren frostempfindlich. Vegetative Vermehrung durch Stecklinge.

Ernte: Blätter.

Inhaltsstoffe: Flavonoide (Quercetin, Isorhamnetin, Kämpferol), Terpenoide (Bilobalid, Gingolide).

Anwendung: In der chinesischen Volksmedizin werden die Blätter, in der Traditionellen Chinesischen Medizin Blätter und Samen des Ginko verwendet. Pharmakologische und klinische Untersuchungen in Europa erbrachten bislang keinen Hinweis auf die Wirksamkeit von Ginkoblatttee, sondern nur von Ginkoblattextrakten. Diese Extrakte fördern die Durchblutung des Gehirns und sind daher wirksam bei Beschwerden, die durch Mangeldurchblutung hervor-

Der Ginko stammt ursprünglich aus China, wo er schon früh in Medizinbüchern erwähnt und von Dichtern besungen wurde.

gerufen sind, wie zum Beispiel Hirnleistungsstörungen, Schwindel, Ohrgeräusche, Durchblutungsstörungen in Armen und Beinen.

Küche: Getrocknete Ginkoblätter entfalten in einem Teeaufguss einen feinen und würzigen Geschmack. Manche Menschen trinken diesen Tee gern und geben auch an, dass er ihnen sehr wohl tut.

Haut- und Haarpflege: Es gibt inzwischen eine ganze Reihe von Produkten mit Ginkoextrakten.
Sie sollen vitalisierend und durchblutungsfördernd auf die Haut wirken. Empfehlenswert bei schnell fettender Kopfhaut ist auch eine Haarspülung mit einem Aufguss aus Ginkoblättern.

Heilende Wildkräuter

Reißen Sie nicht jedes Wildkraut heraus, das Sie in Ihrem Garten finden, sondern heißen Sie Gäste aus der Wildflora an Plätzen, wo sie nicht stören, willkommen. Dafür werden Sie oft doppelt belohnt: Sie können sich an zarten oder kräftigen Farben, feinen oder ausdrucksstarkem Blattwerk erfreuen und haben zudem einen Nutzen, denn etliche der Zuwanderer sind bewährte Heilpflanzen oder als schmackhafte Zugabe in Salaten oder Gemüsen verwendbar. Frisch angelegte Beete mit unbedeckter Erde, offene Stellen an Zäunen und Mauern bieten ein- bis zweijährigen Pflanzen eine Chance. Manche der sich für längere Zeit einmietenden Gäste bevorzugen Wiesen und Rasen.

Die Verwendung von Hirtentäschelkraut in der chinesischen Medizin ist schon seit dem 5. Jahrhundert n. Chr. belegt.

Hirtentäschelkraut
(Capsella bursa-pastoris)
Familie der Kreuzblütler. Zweijährig (oder einjährig). Insbesondere im Siedlungsbereich des Menschen: im Garten, auf Äckern und Wiesen, auf Brachland. Vögel mögen die Früchte, die früher auch Kindern schätzten.

Blüten und Samen des Hirtentäschelkrauts schmecken scharf und pfefferartig.

Merkmale: Höhe 3 bis 40 Zentimeter. Gelappte oder fiederspaltige Grundblätter in Rosette; ungeteilte Stängelblätter. Weiße Blüten Frühjahr bis Herbst. Herzförmige Früchte.
Ernte: blühendes Kraut samt Wurzel im Frühjahr.
Wirkstoffe: Flavonoide, Kalium, Saponine, Gerbstoffe.
Verwendung: Der Tee hat eine blutstillende Wirkung und wird daher gegen zu starke Monatsblutungen und Nasenbluten eingesetzt. Er wirkt zudem ausgleichend auf das Gefäßsystem, stärkend auf das Herz älterer Menschen und kann sowohl bei zu niedrigem als auch bei erhöhtem Blutdruck getrunken werden.

Volksmedizin: Aufschnupfen von Hirtentäscheltee bei Nasenbluten.

Küche: frische junge Blätter als Zugabe an Frühlingssalate.

Hautpflege: Wegen der verengenden Wirkung auf kleinste Blutgefäße findet sich Hirtentäschelkraut in manchen Cremes gegen Couperose.

Die Nachtkerze kam im 17. Jahrhundert als Zierpflanze aus Nordamerika.

Gemeine Nachtkerze
(Oenothera biennis)

Familie der Nachtkerzengewächse. Zweijährig. An Bahndämmen, Wegen.

Merkmale: Höhe bis 1 Meter. Rübenförmige, fleischige, rötliche Wurzel. Im ersten Jahr Blattrosette aus länglichen, lang gestielten Blättern. Im zweiten Jahr Blütenstängel mit kleinen, flaumig behaarten Blättern und von Juni bis September große, blassgelbe, duftende Blüten. Sie öffnen sich abends, werden von Nachtschmetterlingen bestäubt und verwelken am nächsten Morgen. Selbstaussaat (kann lästig werden).

Ernte: Wurzel im Herbst des ersten Jahres/Frühjahr des zweiten Jahres.

Wirkstoffe: Proteine, Stärke, Mineralstoffe.

Küche: Wurzeln gründlich waschen, schälen, kochen. In Scheiben schneiden und als Salat anmachen oder in kleine Stücke schneiden und in eine Rahmsauce geben.

Früher hieß es: Ein Pfund Nachtkerzenwurzel gibt mehr Kraft als ein Zentner Ochsenfleisch.

Wildes Stiefmütterchen
(Viola tricolor)

Familie der Veilchengewächse. Einjährig (bis ausdauernd). Offene Stellen in Wiesen und Äckern. Symbol des dreieinigen Gottes.

Merkmale: Höhe bis 25 Zentimeter. Verästelter Stängel. Blätter am Rand gekerbt, untere herzförmig, obere länglich. Mai/Oktober Blüten; obere Blütenblätter oft violett.

Öl aus Nachtkerzensamen enthält Gamma-Linolensäure. Es wirkt unterstützend bei Allergien, Hautekzemen, Schwächezuständen und Stress und ist in Apotheken und Reformhäusern erhältlich. Ähnliche Heilkraft hat auch das Borretschöl.

Das aus der Wildform gezüchtete Gartenstiefmütterchen besitzt im Gegensatz zum Wilden Stiefmütterchen keine Heilwirkung.

Gemeine Schafgarbe
(Achillea millefolium)

Familie der Korbblütler. Wegränder, trockene, magere Wiesen und Weiden. Staude. Der heilkundige Zentaur Chiron soll der Sage nach seinem Schüler Achilles die Pflanze als Wundkraut empfohlen haben.

Merkmale: Höhe 25 bis 80 Zentimeter. Gestielte, zwei- bis dreifach gefiederte Blätter. Von Juni bis Oktober weiße oder rosa Blütenköpfe in doldenartigen Blütenständen.

Ernte: Blühendes Kraut von Juni bis September.

Wirkstoffe: ätherisches Öl, Bitterstoffe, Gerbstoffe, Flavonoide.

Ernte: blühendes Kraut im Sommer; im Schatten trocknen.

Wirkstoffe: Saponine, Flavonoide, Gerbstoffe, Bitterstoffe.

Verwendung: Der stoffwechselanregende, »blutreinigende« Tee wirkt bei unreiner Haut, auch bei Milchschorf und Ekzemen der Kinder und bei Rheuma. Für einen Blutreinigungstee kann das Stiefmütterchenkraut auch mit anderen Heilpflanzen gemischt werden. Eine Teekur über mehrere Wochen kann auch Akne bessern. Äußerlich Tee zu Auflagen bei Akne und Ekzemen. In der Volksmedizin wird der Tee zur Nervenstärkung und Nervenberuhigung verwendet.

Vorsicht: Manche Menschen reagieren auf die Anwendung von Schafgarbe allergisch.

Blätter und Blüten der Schafgarbe schmecken als milde Würze in Suppen und Gewürzen.

Verwendung: Der Tee hat krampflösende, verdauungsfördernde und entzündungshemmende Wirkung und hilft bei Appetitlosigkeit und bei leichten krampfartigen Magen-, Darm- und Gallestörungen. Bei schmerzhafter Regelblutung und prämenstruellen Syndrom kann eine mehrwöchige Kur mit Schafgarbentee nützen. Über einige Zeit durchgeführte Sitzbäder mit Zusatz von Schafgarbentee können Frauen mit funktionellen, nicht organisch bedingten, schmerzhaften Unterleibsverkrampfungen helfen.

Volksmedizin: Das Aufziehen des lauwarmen Schafgarbentees in die Nase hilft bei Schnupfen.

Küche: junge Schafgarbenblätter gehackt als Gewürz an Salate, Suppen, Eintöpfe und Quark.

Gänseblümchen (*Bellis perennis*)
Familie der Korbblütler. Die in Wiesen und Rasen siedelnde liebliche Staude ist manchen Anhängern eines so genannten englischen Rasens ein Graus. Sie soll der germanischen Muttergöttin Freyja geweiht gewesen sein. Auf mittelalterlichen Bildern sieht man das Blümchen oft zu Füßen Mariens.

Merkmale: Höhe 5 bis 15 Zentimeter. Die spatelförmigen Blätter bilden eine Rosette. Von frühem Frühjahr bis Spätherbst, in milden Phasen auch im Winter Blütenköpfchen, die von Hüllblättern umgeben sind und auf behaarten Stängeln sitzen: außen weiße oder rötliche Zungenblüten, innen gelbe Scheibenblüten.

Ernte: zarte Blätter und Blüten im Frühjahr und im Frühsommer.

Wirkstoffe: Saponine, ätherische Öle, Bitterstoffe, Flavonoide.

Volksmedizin: Tee aus Blüten zur Appetitanregung und Blutreinigung.

Küche: frische Blüten und Blätter als Bestandteil von Wildkräutersalaten oder dekorativer Brotbelag.

Bei unreiner Haut: Waschungen mit Gänseblümchentee aus Blüten und Blättern wirken beruhigend bei Hautreizungen und kleineren Entzündungen.

Nach der Legende soll das Gänseblümchen aus den Tränen entstanden sein, die die Jungfrau Maria auf der Flucht nach Ägypten vergossen hat.

Gundermann (Glechoma hederacea)

Familie der Lippenblütler. Liebt Halb-schatten. Die kriechende Staude bedeckt oftmals größere Flächen in Rasen, Wiesen, an Wegrändern, Zäu-nen und in Hecken.

Merkmale: Höhe bis 15 Zentimeter. Lange, kriechende Ausläufer, die an den Knoten wurzeln. Immergrüne, im Winter oft rötliche, nierenförmige Blätter mit gekerbtem Rand. März bis Mai kleine blauviolette Blüten.

Ernte: blühendes Kraut für Tee; jun-ge Blätter vor der Blüte.

Wirkstoffe: Gerbstoffe, Bitterstoffe, ätherisches Öl, Vitamin C, Mineralien.

Volksmedizin: Schleimlösender und verdauungsfördernder Tee bei Hus-ten und Magen-Darmbeschwerden.

Eine der ersten Frühlingsblumen – Huflattich.

Küche: junge Blätter fein gehackt in Quark, als Bestandteil von Frühlings-salaten und Wildkräutersuppen.

Huflattich (Tussilago farfara)

Familie der Korbblütler. Sonnige, san-dige Stellen am Wegrand, an Böschungen, auf Ödland; Staude.

Merkmale: Höhe 20 bis 30 Zenti-meter. Kräftiger Wurzelstock. Von Februar bis April leuchtend gelbe Blütenköpfe an einem mit filzig be-haarten Schuppenblättern besetzten Blütenstängel. Erst nach der Blüte erscheinen die lang gestielten, eckig gezähnten, unten behaarten Blätter.

Ernte: Blütenköpfe. Mai/Juni Blätter; vor dem Trocknen zerschneiden, da-mit der Vorgang schneller abläuft.

*Gundermann wird auch
Hexenkraut genannt
und galt im Volksglau-ben als Mittel gegen
bösen Zauber.*

Wirkstoffe: Schleim, Bitterstoffe, Gerbstoffe, Pyrrolizidinalkaloide.

Verwendung: Tee aus Blättern als altbewährtes Mittel bei Reizhusten und zur Schleimlösung. Als Gurgelmittel bei Reizungen im Mund- und Rachenbereich. In der Volksmedizin wird für die genannten Anwendungsgebiete Tee aus Blüten verwendet.

Küche: Blätter füllen und einrollen; garen wie Krautwickel.

Gemeiner Löwenzahn
(Taraxacum officinale)

Familie der Korbblütler. In Wiesen und Rasen, am Wegrand. Staude. Symbol für den Tod Christi.

Merkmale: Höhe 10 bis 50 Zentimeter. Tief reichende Pfahlwurzel. Blätter länglich, gezähnt; bilden Rosette. Im April/Mai, vereinzelt auch bis zum Frost, leuchtend gelbe Blütenköpfchen aus Zungenblüten am Ende eines blattlosen Stängels. Früchte mit Haarkranz machen aus dem Blütenkopf die »Pusteblume« Alle Pflanzenteile führen Milchsaft.

Ernte: Wurzel/Blätter vor der Blüte.

Wirkstoffe: Bitter- und Gerbstoffe, ätherisches Öl, Inulin, Vitamine, Mineralstoffe.

Verwendung: Tee aus getrockneten Wurzeln und Blättern zur Blutreinigung im Frühjahr oder Herbst regt Leber und Nieren an, fördert die Durchblutung des Bindegewebes, beugt Gallensteinbildung vor und lindert rheumatische Beschwerden. Hilft bei Verdauungsbeschwerden, darf jedoch nicht bei Entzündungen im Verdauungstrakt sowie bei Gallenweg- oder Darmverschluss angewendet werden. Auch die Abkochung wird verwendet: kalt mit Wasser ansetzen, zum Kochen bringen, 1 Minute kochen, abseihen.

Küche: frische Blätter als Salat, in Quark oder mit Spinat als Gemüse. Der Salat wird wegen seiner harntreibenden Wirkung geschätzt.

Vorsicht: Wegen der Pyrrolizidinalkaloide sollten Sie Huflattichtee nicht länger als vier Wochen pro Jahr trinken und nicht mehr als zwei Tassen pro Tag. Während Schwangerschaft und Stillzeit sollten Sie auf Huflattichtee verzichten.

Aus Blättern, Blüten und der Wurzel des Löwenzahn lassen sich Salate, Gemüse und heilende Tees bereiten.

Die in diesem Kapitel vorgestellten Pflanzen sind zwar

wahre Schönheiten, die jeden Garten zieren, doch ihre

attraktive Pracht enthält giftige Stoffe.

Giftige
Schönheiten

Einige unserer gefährlichsten Giftpflanzen sind höchst attraktive Zierpflanzen und zugleich wirksame Heilpflanzen. Die hier vorgestellten Pflanzen für den Heilgarten sind so ausgewählt, dass sich ihre Blütezeiten über das Jahr verteilen.

Nur zum Anschauen!

Die giftigen Wirkstoffe dieser Pflanzen sind meist Alkaloide oder Glykoside. Während in früheren Zeiten die Pflanzen selbst in der Medizin verwendet wurden, setzt die moderne Phytotherapie meist Fertigpräparate entweder aus Pflanzenextrakten oder häufiger aus isolierten Wirkstoffen der Pflanzen ein. Die Homöopathie zählt einige dieser aus Giftpflanzen gewonnenen Homöopathika zu ihren Hauptmitteln.

Warnung: Zur Selbstbehandlung sind diese Pflanzen selbstverständlich in keinem Fall geeignet – auch nicht die aus ihnen hergestellten Homöopathika. Sie können aber zu einem Blickpunkt Ihres Gartens werden. Wenn sich dort kleine Kinder aufhalten, sollten Sie allerdings auf giftige Schönheiten verzichten.

Schwarze Nieswurz, Christrose
(Hellborus niger)

Familie der Hahnenfußgewächse. Kalkliebende immergrüne Staude. Wälder, Gebüsch; in Deutschland nur in den östlichen Kalkalpen bei Berchtesgaden. Seit dem 12. Jahrhundert in Mitteleuropa als Gartenpflanze nachgewiesen.

Merkmale: Höhe bis 30 Zentimeter. Schwarzbrauner Wurzelstock. Lederartige, grüne, glänzende Blätter. Dezember bis April weiße bis rosafarbene Blüten, die sich beim Verblühen grünlich färben.

In der freien Natur nur selten anzutreffen: Schwarze Nieswurz.

Kultur: Jungpflanzen im Abstand von etwa 40 Zentimetern an halbschattige Plätze mit feuchter, humoser, möglichst etwas kalkhaltiger Erde setzen. Vermehrung durch Teilung.

Giftstoffe und Wirkung: Vor allem der Wurzelstock enthält das herzwirksame und stark giftige Glykosid Helleborin. Bei Vergiftungen: Schwindel, Erbrechen, Durchfall und eventuell Tod durch Kreislaufversagen.

Der Name Schwarze Nieswurz kommt daher, dass die Wurzel der Pflanze zum Niesen reizt und früher häufig ein Bestandteil von Schnupftabak war.

Besonders im Schnee ein herrlicher Anblick: purpurrot blühender Seidelbast.

Es kann zu starken Schleimhautreizungen, Erbrechen und Krämpfen kommen; größere Mengen wirken tödlich. Früher wurde die Rinde gegen Rheuma und Gicht sowie als Brech- und Abführmittel verwendet.

Gewöhnlicher Seidelbast
(Daphne mezereum)
Familie der Seidelbastgewächse. Kalkliebender sommergrüner Strauch. Laubwälder, Waldränder.
Merkmale: Bis 100 Zentimeter hoch, an günstigen Standorten auch höher. Blätter länglich, ganzrandig; erscheinen nach den Blüten. Februar bis April zahlreiche rosa- bis purpurfarbene angenehm duftende Blüten. Im Herbst rote Steinfrüchte.
Kultur: Sonne bis Halbschatten; humusreiche, möglichst etwas kalkhaltige Erde. Vegetative Vermehrung durch Stecklinge.
Giftstoffe und Wirkung: Alle Pflanzenteile enthalten giftige Glykoside sowie andere giftige Substanzen.

Die Küchenschelle wurde vor allem in der Antike und im Mittelalter als Heilpflanze gegen Augenleiden eingesetzt.

Gewöhnliche Küchenschelle
(Pulsatilla vulgaris)
Familie der Hahnenfußgewächse. Kalkliebende Staude. Trockene Hänge, Trockenrasen.

»Pulsatilla« aus der Küchenschelle ist eines der wichtigsten Homöotherapeutika.

Merkmale: Höhe bis 30 Zentimeter. Blätter zwei- bis dreifach gefiedert, erscheinen erst nach der Blüte. März bis Mai violette Blüten: außen von behaarten Hochblättern umgeben, im Zentrum gelbe Staubgefäße.

Kultur: Aussaat im Herbst (Kaltkeimer). Sonnig bis halbschattig; trockene, humose, leicht kalkhaltige Erde.
Giftstoffe und Wirkung: Der Stoff Protoanemonin geht beim Trocknen in Anemonin über; beide stark haut- und schleimhautreizend.

Maiglöckchen
(Convallaria majalis)

Familie der Liliengewächse. Kalkliebende Staude. Lichte Laubwälder und Gebüsche. Seit dem 15. Jahrhundert in Mitteleuropa Gartenpflanze.
Merkmale: Höhe 15 bis 30 Zentimeter. Kriechender Wurzelstock, unterirdische Ausläufer. Zwei lange Blätter mit parallelen Nerven und starkem Mittelnerv umschließen blattlosen Stiel. Mai/Juni stark duftende weiße, glockenförmig Blüten in einer Traube. Leuchtend rote Früchte.
Kultur: Im Frühjahr Jungpflanzen im Abstand von 20 Zentimetern an Stellen mit feuchter, humoser, etwas kalkhaltiger Erde setzen. Vermehrung durch Ausläufer und Teilung.
Giftstoffe und Wirkung: Glykoside, die Übelkeit und Erbrechen verursachen. Fertigpräparate aus Extrakten sind starke Herzmedikamente.

Gewöhnliche Akelei
(Aquilegia vulgaris)

Familie der Hahnenfußgewächse. Staude. Lichte Laubwälder und Gebüsch. Im 12. Jahrhundert als Gartenpflanze nachgewiesen.
Merkmale: Höhe bis 50 Zentimeter. Blätter blaugrün. Mai bis Juni violette Blüten mit Sporn.
Kultur: Halbschatten. Feuchter, humusreicher Boden. Wegen der bisweilen üppigen Selbstaussaat als »Unkraut« beschimpft.
Giftstoffe und Wirkung: Blausäure abspaltendes Glykosid. Verzehr kann Durchfall, Benommenheit und Atemnot verursachen. Früher wurde die Wurzel in der Volksmedizin gegen Hauterkrankungen verwendet.

Intensiv: der Duft von Maiglöckchen.

Bei den Germanen war die Akelei den Muttergöttinnen Frigg und Freyja geweiht, in der christlichen Kunst ist sie Attribut der Muttergottes.

Die Pfingstrose ist die »Rose ohne Dornen«, mit der Maria in Malerei und Dichtung verglichen wird.

Mit Ausnahme von Maiglöckchen und Rotem Fingerhut sind die in diesem Kapitel vorgestellten Pflanzen gesetzlich geschützt.

Echte Pfingstrose
(Paeonia officinalis)

Familie der Hahnenfußgewächse. Staude. Felsige Berghänge in den Südalpen. Seit dem 12. Jahrhundert als Gartenpflanze nachgewiesen. Viele beliebte Zuchtformen stammen von chinesischen Arten ab.

Merkmale: Höhe bis 1 Meter. Wurzelstock mit rübenartig verdickten Knollen. Geteilte, oberseits glänzende Blätter. Im Mai/Juni sehr große, meist purpurrote, gefüllte oder ungefüllte duftende Blüten. Die großen Früchte enthalten viele große, glänzende, schwarze Samen.

Kultur: Jungpflanzen im Abstand von 1 Meter an sonnige Plätze mit nährstoffreicher, humoser Erde setzen.

Giftstoffe und Wirkung: Giftige Glykoside können zu Nierenkoliken, Schluckbeschwerden und heftigen Magen- und Darmreizungen führen. In der Volksheilkunde verwendete man Wurzel und Blüten vor allem gegen Nierenleiden und Gelbsucht.

Roter Fingerhut
(Digitalis purpurea)

Familie der Rachenblütler. Zweijährige kalkmeidende Pflanze. Wälder, Waldränder, Lichtungen, Kahlschläge.

Merkmale: Höhe bis 150 Zentimeter. Pfahlwurzel. Im ersten Jahr Blatt-

Der Rote Fingerhut zählt zu den giftigsten heimischen Pflanzen.

rosette mit eiförmigen, gestielten Blättern. Im zweiten Jahr Stängel mit länglich-ovalen, gekerbten, unten filzig behaarten Blättern. Juni/Juli große, purpurrote/weiße/rosa Blüten in Traube; Blüten innen gefleckt.

Kultur: Aussaat im Juni auf ein Saatbeet. Im Spätsommer im Abstand von 40 Zentimetern an halbschattige Stellen mit wasserdurchlässiger Erde.

Giftstoffe und Wirkung: Der Fingerhut enthält herzwirksame Glykoside, die so genannten Digitalisglykoside, Sie werden zu Spezialpräparaten verarbeitet, die die Pumpleistung des Herzens erhöhen.

Blauer Eisenhut, Echter Sturmhut
(Aconitum napellus)

Familie der Hahnenfußgewächse. Kalkliebende Staude. Gebirgswälder und auf steinige Almweiden. Seit dem 13. Jahrhundert in Mitteleuropa als Gartenpflanze nachgewiesen.

Merkmale: Höhe bis 150 Zentimeter. Große, fünf- bis siebenspaltige Blätter. Juni/August blaue Blüten in Traube. Das oberste der fünf Blütenblätter ist helmförmig gewölbt (Name!). Früchte mit glänzend schwarzen Samen.

Das aus dem Eisenhut gewonnene »Aconitum« ist eines der Hauptmittel der Homoöpathie.

Kultur: Halbschatten; feuchter, nährstoffreicher Boden. Kann lange Zeit an einem Platz bleiben. Vegetative Vermehrung durch Teilung.

Giftstoffe und Wirkung: Der Blaue Eisenhut ist eine unserer giftigsten Pflanzen! Das Alkaloid Aconitin führt zu Übelkeit, Erbrechen, Schweißausbrüchen, Durchfall, Taubheitsgefühlen und nachfolgend Krämpfen. Tod tritt durch Atemlähmung ein (Erstickung). Die Zubereitungen aus der Wurzelknolle wurden früher gegen Gicht, Rheuma und zur Schmerzlinderung verwendet.

Nicht nur für die Gesundheit – auch für Küche

und Schönheitspflege lassen sich viele Pflanzen

aus dem eigenen Garten nutzen.

Aus dem Heilgarten –
Rezepte *und* Tipps

Die Verwendung heilsamer Pflanzen ist äußerst vielseitig. Manche altbewährten Rezepte aus der Volksmedizin, der Küche und natürlichen Schönheitspflege sind heute in Vergessenheit geraten. Es lohnt sich, sie wieder zu entdecken.

Essen und Trinken

Aus Blättern, Blüten und Früchten der Pflanzen des Heilgartens lassen sich köstliche Gerichte zubereiten, die nicht nur delikat schmecken, sondern auch wohltuend und heilsam für den Körper sind.

Blätter

Verwenden Sie insbesondere im Frühjahr reichlich frische junge Blätter aus Ihrem Heilgarten in Suppen, Salaten oder Gemüse. Sie werden staunen, wie die verschiedenen Blättchen Gerichte aromatisch abrunden. Einige Pflanzen bergen Geschmackssensationen. Geeignete Pflanzen sind Bärlauch, Engelwurz, Gänseblümchen, Gundermann, Hirtentäschelkraut, Kapuzinerkresse, Löwenzahn, Malve, Ringelblume, Brennnessel, Schafgarbe und Schlüsselblume.

Kräuterrahmsuppe

(Für 4 Personen)

50 g gemischte junge Blätter wie Löwenzahn, Schafgarbe, Gundermann, Gänseblümchen, Schlüsselblume; 1 kleine Zwiebel; 1 TL Butter; 1,5 l Gemüsebrühe; 50 ml süße Sahne; 1 TL Maisstärke oder Kartoffelstärke; Salz; Pfeffer; Zitronensaft

1 Blätter waschen und trocken tupfen. Zwiebel abziehen und fein hacken. **2** Zwiebel in 1 TL Butter goldgelb andünsten. **3** Blätter zugeben und zusammenfallen lassen. **4** Blätter mit Gemüsebrühe aufgießen und etwa 2 Minuten kochen lassen. **5.** Pürieren (mit Pürierstab oder durch ein Sieb streichen). **6** Sahne und Stärke vermischen. **7** Suppe wieder zum Kochen bringen. Die Rahm-Stärke-Mischung in die Suppe einrühren. Suppe aufkochen lassen. **8** Suppe von der Herdplatte ziehen. Restliche Butter einrühren. Suppe mit Salz, Pfeffer und Zitronensaft abschmecken und mit frischen Kräuterblättchen und Blüten vor dem Servieren dekorieren.

Tipp: Sie können als Teil der Kräutermischung auch junge Brennnesselblätter verwenden.

Hübsche Tischdekoration und delikate Beigabe in Salaten: Gänseblümchen.

Die als Unkraut verkannte Brennnessel eignet sich hervorragend als Gemüse.

Kräutertaschen

(Für 4 Personen)

450 g tiefgefrorener Blätterteig;
300 g frische Blätter (Spinat und
Kräuter wie Löwenzahn, Malve,
Schafgarbe, Gänseblümchen); 1 Zwie-
bel; 3 Knoblauchzehen; 1 EL Olivenöl
100 g Schafskäse; Salz, Pfeffer

1 Blätterteig auftauen. **2** Spinat und
andere Blätter von Stielen befreien,
putzen, waschen, trocken tupfen.
3 Zwiebel und Knoblauch abziehen.
Zwiebel hacken, Knoblauch zer-
drücken. **4** Öl erhitzen. Zwiebel andünsten, Knoblauch zugeben. Blätter
hinzufügen und 5 Minuten dünsten.
5 Masse zum Abtropfen in ein Sieb
schütten. Vorsichtig ausdrücken. Auf
einem Brett mit dem Messer grob
zerteilen. **6** Schafskäse würfeln. Mit
Salz und Pfeffer unter das Gemüse
mischen. **7** Backofen auf 200 ˚C vor-
heizen. **8** Blätterteig ausrollen. Quadrate von ca. 10 Zentimeter Kanten-
länge ausschneiden. **9** Gemüsemasse
darauf verteilen. Quadrate zu Drei-
ecken zusammenklappen. Ränder
festdrücken. **10** Die Gemüsetaschen
auf ein mit Backpapier belegtes Blech
setzen. Auf mittlerer Schiene etwa
30 Minuten backen.

Blüten verwelken rasch. Ernten Sie die zarten Blütenblättchen daher erst unmittelbar vor der Verwendung.

Blüten

Viele Zierpflanzenblüten sind essbar
und eignen sich als Dekoration für
Speisen und Getränke. Entfernen Sie
alle grünen Teile, bei größeren Blüten
auch Staubblätter und Stempel. Blü-
tenköpfe werden entweder wie beim
Gänseblümchen als Ganze verwendet
oder man zupft wie bei der Ringel-
blume die Zungenblüten ab. Bei
Rosen isst man nur die von den wei-
ßen Ansätzen befreiten Blütenblätter.
Geeignete Pflanzen sind Borretsch,
Eibisch, Engelwurz, Gänseblümchen,
Holunder, Kapuzinerkresse, Lavendel,
Löwenzahn, Ringelblume, Rose,
Schlüsselblume, Salbei, Sonnenblu-
me, Stiefmütterchen, Stockrose,
Wohlriechendes Veilchen und Ysop.

Die Blütenblätter des Wohlriechenden
Veilchens schmecken frisch oder kandiert.

Beerendessert mit Rosenblüten

500 g Johannisbeeren oder Himbeeren; Zucker nach Belieben; 3 EL Rosenblütenblätter (ohne weiße Ansätze); etwas Wasser

1 Beeren putzen und waschen, abtropfen lassen. **2** Mit dem Zucker, den Blütenblättern und wenig Wasser in einen Topf geben. **3** Weich dünsten. **4** Durch ein Sieb streichen. Zum Beerendessert passt Vanillecreme oder Grießflammeri.

Holunderblütenwasser

Ein erfrischendes Getränk für heiße Tage im Frühsommer:

5 frische Holunderblüten-Dolden; 1,5 l abgekochtes, erkaltetes Wasser; 1 Messerspitze Weinsteinsäure (in der Apotheke erhältlich); 1 ungespritzte Zitrone in Scheiben geschnitten; Honig

1 Blütendolden ausschütteln, um Verschmutzungen und kleine Tiere zu entfernen. **2** Blüten von den Dolden zupfen. **3** Wasser in ein Gefäß schütten, Weinsteinsäure einrühren, Zitronenscheiben zugeben. **4** Blüten hinzufügen, Gefäß abdecken, 24 Stunden stehen lassen. **5** Abseihen und nach Belieben mit Honig süßen.

Früchte

Ihre Domäne ist das Süße, ihre Stärke sind Vitamine und Mineralien. Allerdings sind die Früchte vieler Gartenzierpflanzen in ungekochtem Zustand nicht genießbar: Sie sind zu hart und zu sauer oder herb, manche wie die Holunderfrüchte sogar giftig. Mit Zucker, Honig oder Ahornsirup lassen sie sich jedoch zu Mus, Saft oder Sirup verarbeiten. Auch durch Zumischung von Äpfeln, Birnen, Himbeeren oder Johannisbeeren kann ein milderer Geschmack erzielt werden. Geeignete Pflanzen sind Eberesche, Holunder, Hundsrose, Lampionblume und Weißdorn.

Hagebuttenmark

Früchte waschen, von Blättern und Stiel befreien. Halbieren, Kerne und Haare sorgfältig entfernen. Hagebuttenschalen waschen. Über Nacht in einem Gefäß mit Wasser bedeckt stehen lassen. Am nächsten Tag im

Beliebt als Brotaufstrich, Beigabe zu Pudding oder Kuchenfüllung: Hagebuttenmark aus den Früchten der Heckenrose .

Vom Frühling mit seinen Blüten bis in den Herbst hinein liefert der Garten Köstliches für die Küche. Besonders aus Hagebutten, Holunder oder Vogelbeeren lassen sich delikate Desserts und Konfitüren zubereiten.

Einweichwasser weich kochen. Durch ein Sieb streichen. Süßen.

Fruchtmus: Früchte entstielen, waschen, abtropfen lassen. Mit wenig Wasser und gewünschter Zuckermenge kochen. Durch ein Sieb streichen.

Fruchtsaft: Früchte entstielen, waschen, abtropfen lassen. Mit etwas Wasser weich kochen. Durch ein Tuch filtern. Saft mit halben Gewichtsteil Zucker vermischen und aufkochen.

Gelee: Reife Früchte entstielen, waschen, abtropfen lassen. Mit Wasser 20 Minuten weich kochen. Masse durch ein Tuch filtern. Gleiche

Gewichtsanteile Saft und Zucker in ein Gefäß geben. So lange kochen, bis einige Tropfen der Flüssigkeit auf einem Teller gelieren (Gelierprobe).

Natürliche Pflege für Haut und Haar

Zierpflanzen haben auch für die Schönheitspflege einiges zu bieten. Altbewährte Rezepte mit pflegenden, pflanzlichen Stoffen erhalten Haut und Haar auf natürliche Weise gesund und gleichen kleinere Schönheitsmängel aus.

Beachten Sie, dass Ihre Haut auch auf pflanzliche Kosmetikprodukte bei Veranlagung allergisch reagieren kann.

Zierpflanzen für die Gesichtspflege

Wirkung auf die Haut	Anwendung	Heilpflanzen
klärend	bei Unreinheiten	Gänseblümenchenblüten, Lilienblütenblätter, Schafgarbenkraut.
beruhigend	bei gereizter, emfindlicher Haut	Eibischblüten, Huflattichblüten, Lavendelblüten, Malvenblüten, Rosenblütenblätter, Veilchenblüten.
straffend, erfrischend	bei müder Haut	Beinwellwurzel, Gänseblümchenblüten, Ginkoblätter, Lavendelblüten, Lilienblütenblätter, Rosenblütenblätter, Salbeiblätter, Stiefmütterchenblüten.
feuchtigkeitsspendend	bei feuchtigkeitsarmer Haut	Beinwellwurzel, Eibischblüten, Rosenblütenblätter.
heilend	bei rauer, rissiger Haut	Huflattichblüten, Ringelblumenblütenblätter, Schafgarbenkraut.
gefäßstärkend	bei Neigung zu erweiterten Äderchen	Hirtentäschelkraut.

Natürliche Hautpflege

Bei diversen Hautproblemen wirken natürliche Mittel. Die Übersicht auf Seite 84 zeigt, wie die einzelnen Pflanzen als Schönheitsmittel wirken.

Gesichtswasser für fettige Haut und Mischhaut

4 g frische Salbeiblätter; 50 ml 70%-iger Alkohol; 50 ml Hamameliswasser; 50 ml destilliertes Wasser (Zutaten aus der Apotheke)

1 Salbeiblätter waschen, vorsichtig trocken tupfen und grob hacken. **2** Die Blätter in ein Schraubdeckelglas füllen, vollständig mit Alkohol bedecken und das Glas fest zuschrauben. **3** Die Salbeiblätter 10 Tage an einem dunklen, kühlen Ort ziehen lassen, abfiltern, Rückstände gut auspressen. **4** Das Salbeifiltrat mit Hamameliswasser und destilliertem Wasser vermischen. **5** Gesichtswasser in dunkel getönter Flasche gut verschlossen aufbewahren und innerhalb von acht Wochen verbrauchen.

Gesichtskompressen

Tücher werden mit kalter oder warmer Flüssigkeit getränkt auf das Gesicht gelegt und wirken dort eine Zeit lang. Je nach Temperatur und Flüssigkeit wirken Kompressen reinigend, entspannend oder erfrischend. 1 Hand voll Blüten oder Blätter mit 1 Liter kochendem Wasser übergießen, 10 Minuten ziehen lassen, abseihen. Gesicht sorgfältig reinigen. Tuch in die noch warme oder abgekühlte Flüssigkeit tauchen, leicht ausdrücken und so auf Gesicht und Hals legen, dass Mund und Nasenlöcher frei bleiben. Hinlegen, Ruhe genießen und Kompresse nach 10 Minuten wieder abnehmen.

Gesichtsdampfbad

Es wirkt reinigend und durchblutungsfördernd auf die Haut. Insbesondere für fettige, unreine Haut ist ein Gesichtsdampfbad mit entsprechenden Zusätzen geeignet. Man sollte Gesichtsdampfbäder nicht öfter als einmal pro Woche durchführen. Menschen mit labilem Kreislauf, empfindlicher, trockener Haut oder Neigung zu erweiterten Äderchen sollten darauf verzichten.

Eine Gesichtsmaske aus Quark und frischen Blättern von Minze und Salbei beruhigt die Haut.

Für das Gesichtswasser eignen sich auch Gänseblümchenblüten, Lilienblüten, Ginkoblätter oder Beinwellwurzel.

Überbrühen Sie eine Hand voll Blätter oder Blüten mit 1 Liter Wasser. Nach 2 bis 3 Minuten das Gesicht nicht zu nah (Verbrennungsgefahr) über den heißen Dampf halten. Ein Frotteehandtuch über Kopf und Schultern legen, damit nicht zu viel Dampf entweichen kann. Nach 5 bis 10 Minuten Dampfbad beenden und Gesicht kalt abwaschen.

Natürliche Haarpflege

Viele Haarprobleme gehen von der Kopfhaut aus. Sie produziert zu viel oder zu wenig Fett, schuppt sich oder ist gereizt. Wichtig ist in jedem Fall eine gute Durchblutung. Durch unsanfte Behandlung ist oft die Schuppenschicht der Haare aufgeraut: sie sehen struppig und glanzlos aus.

Haarspülungen

Eine Hand voll der angeführten frischen oder getrockneten Blätter beziehungsweise Blüten mit 1 Liter kochendem Wasser übergießen, 10 Minuten ziehen lassen, abseihen, abkühlen lassen. 1 Teelöffel Apfelessig zugeben. Als Spülbad nach der Haarwäsche verwenden.

Beschwerden vorbeugen und lindern

Mit einer gesunden Lebensweise, die eine sinnvolle Ernährung, ausreichend Bewegung, Wechsel zwischen Anspannung und Entspannung und nicht zuletzt das Bemühen um ein ausgeglichenes Seelenleben umfasst, können wir Krankheiten vorbeugen.

Haarpflege mit heilkräftigen Zierpflanzen

Pflanze	Wirkung
Ginko (Blätter)	haarstärkend, glättend, glanzsteigernd für dunkles Haar.
Römische Kamille (Blüten)	aufhellend und pflegend für helles Haar.
Huflattich (Blüten)	desinfizierend, bremst zu starke Talgproduktion.
Malve (Blätter)	beruhigt und schützt die Kopfhaut.
Ringelblume (Blüten)	wundheilend, entzündungshemmend, regenerierend für die Kopfhaut.
Salbei (Blätter)	pflegend für dunkles Haar.

In Zeiten, in denen Körper und/oder Psyche besonders strapaziert werden, kann der vorbeugende Einsatz sanft regulierender Heilpflanzen oder ihre Anwendung bei bereits bestehenden Beschwerden und leichteren Krankheitserscheinungen sinnvoll sein. Auf den folgenden Seiten finden Sie Vorschläge zur Vorbeugung und Selbstbehandlung von Alltagsbeschwerden und leichteren Erkrankungen mit Hilfe der Zierpflanzen. Informieren Sie sich ab Seite 42 im Porträt der jeweiligen Pflanze, ob für Ihren Fall ein Aufguss, eine Abkochung oder ein Kaltauszug herzustellen ist. Die vorgeschlagenen Teemischungen werden – falls nicht anders angegeben – als Aufguss zubereitet. Wenn Gewichtsangaben fehlen, sind in den Mischungen die angeführten Pflanzendrogen zu gleichen Gewichtsteilen zu verwenden. In manchen Teemischungen finden Sie auch Pflanzen genannt, die nicht in den Porträts vorgestellt werden. Falls Sie diese nicht im Garten haben, können Sie sie – wie übrigens auch viele der Zierpflanzendrogen – in guter Qualität in der Apotheke erwerben. Dort werden Sie auch beraten.

Bitte beachten!

Auch beim Einsatz milder Pflanzenheilmittel ist zu bedenken: Sie sind Arznei und müssen richtig verwendet werden. Überdosierung und Anwendungen länger als vier Wochen (Ausnahme: Blutreinigungskuren bis sechs Wochen) können schädliche Nebenwirkungen haben.

Frühjahrs- und Herbstkuren

Wenn Sie sich im Frühjahr öfter einmal Salate, Suppen oder Gemüse mit frischen, jungen Blättern (und Blüten) gönnen, tun Sie schon etwas für Ihren Körper: Sie führen ihm Vitamine, Mineralstoffe und Spurenelemente zu und regen die Verdauung sowie

Viele Pflanzen aus dem Ziergarten sind ideal für die natürliche Schönheitspflege.

Während der Schwangerschaft und Stillzeit sollten Sie sich auf jeden Fall vor einer Heilpflanzenkur ärztlich beraten lassen.

Majoran lässt sich nicht nur als Würzkraut verwenden, sondern auch für beruhigenden Tee.

die Ausscheidung über Nieren und Darm an. Genau darum geht es auch bei den so genannten Blutreinigungskuren, die im Frühjahr und Herbst durchgeführt werden sollten. Man trinkt dabei über einen Zeitraum von vier bis sechs Wochen täglich zwei bis drei Tassen eines bestimmten Tees. Er wird entweder aus einer Pflanze hergestellt oder aus Mischungen einander in ihrer ausscheidungsfördernden und kräftigenden Wirkung ergänzenden Pflanzen. Geeignet sind Löwenzahn, Schafgarbe, Schlüsselblume, Stiefmütterchen. Es gibt noch viele andere »blutreinigende« Heilpflanzen, wobei besonders Brennnessel- und Birkenblätter erwähnt werden sollen.

Lavendel galt früher als eine Pflanze, die bösen Zauber abwehren kann und für gute Träume sorgt.

Nervosität und nervös bedingte Schlafstörungen

Viele Menschen fühlen sich überlastet und leiden unter innerer Unruhe, Erschöpfung und Schlafstörungen. Dazu kommen Kopf- oder Rückenschmerzen, Beschwerden im Magen-Darm-Trakt, Hautirritationen oder Herz-Kreislaufstörungen.

Heilpflanzen können Linderung bringen (in vielen Fällen wird allerdings nur das Bewusstmachen und das aktive Angehen der zugrunde liegenden Probleme helfen – falls nötig, auch mit professioneller Hilfe). Nervenstärkend und entspannend wirken Pflanzen mit hohem Gehalt an ätherischen Ölen wie Engelwurz, Lavendel, Kalifornischer Mohn, Rose und Schlüsselblume. Beruhigend und entkrampfend wirken die Gewürzkräuter Basilikum, Dill, Melisse und Majoran. Kräftigend und anregend bei Erschöpfung wirken Salbei und Ysop.

Lavendel-Schlafkissen

20 bis 30 g getrocknete Lavendelblüten; 1 bis 2 EL Iriswurzelpulver (aus der Apotheke)

1 Blüten und Pulver vermischen.
2 Mischung in ein Gefäß füllen, dieses gut verschließen und zwei Wochen kühl und dunkel lagern. Zwischendurch leicht schütteln.
3 Mischung in ein Säckchen oder Kissen aus blauer oder blauvioletter Baumwolle oder Seide füllen und dieses zubinden oder zunähen. Das Iriswurzelpulver dient als Duftfixiermittel, das Sie auch weglassen können.

Neben das Kopfkissen gelegt – manche Leute legen es auch darunter – kann das Schlafkissen für besseres Ein- und Durchschlafen sorgen.

Grippale Infekte

Pflanzen mit entzündungshemmenden Schleimstoffen und auswurffördernden Saponinen wirken heilend bei Schnupfen, Husten und Heiserkeit. Geeignete Pflanzen sind die Schleimpflanzen Eibisch, Huflattich, Königskerze, Lungenkraut, Malve, Stockrose sowie die Saponinpflanzen Schlüsselblume und Veilchen.

Zwei bis drei grippale Infekte im Jahr sind keineswegs beunruhigend, sondern zeigen an, dass sich der Organismus gegen Krankheitserreger zu wehren weiß, und sie trainieren das Immunsystem. Wenn man allerdings von einer Erkältung in die andere rutscht, sind vorbeugende Maßnahmen angezeigt. In erster Linie sind das viel körperliche Bewegung, gesunde Ernährung, ausreichende Entspannung und Ruhe.

Zusätzlich können Heilpflanzen helfen, wie Holunderblüten, Sonnenhut-Fertigextrakte, Hagebutten (abwehrsteigernd), Kapuzinerkresse, Bärlauchblätter (keimwidrig).

Bei den ersten Anzeichen einer Erkältung hilft der bewährte Holundertee. Statt des reinen Holunderblütentees ist hierfür auch eine Teemischung aus Lindenblüten, Kamillenblüten und Holunderblüten wirksam.

Die Teewirkung lässt sich durch ein Fußbad verstärken.

Ein Tee aus 20 g der Wurzel des Engelwurz, 20 g Melissenblättern, 10 g Lavendelblüten und 10 g Schafgarbenblättern wirkt entspannend auf den Verdauungstrakt.

Teemischungen gegen Husten und Entzündungen in Mund und Rachen

Krampflösend und reizmildernd bei Husten:
10 g Alantwurzel, 10 g Süßholzwurzel, 5 g Königskerzenblüten, 5 g Huflattichblüten, 5 g Spitzwegerichblätter, 5 g Lungenkraut-Kraut.

Lindernd bei trockenem Reizhusten:
Malvenblüten oder Malvenblätter, Königskerzenblüten, Huflattichblüten, Lungenkraut-Kraut, Stockrosenblüten, Veilchenblüten.

Auswurffördernd bei hartnäckiger Verschleimung:
10 g Schlüsselblumenblüten, 5 g Veilchenblüten oder -kraut, 5 g Königskerzenblüten.
2 bis 3 Wochen täglich 1 bis 2 Tassen.

Gurgelmittel bei Entzündung in Mund und Rachen:
Eibischwurzel, Salbeiblätter.
Eibisch-Kaltwasserauszug und Salbeiaufguss mischen, täglich mehrmals damit gurgeln.

Aus den leuchtenden Ringelblumen gewinnt man Wundöl und krampflösenden Tee.

Achtung:
Zubereitungen aus
Bitterstoffpflanzen
dürfen bei Magen-
oder Zwölffinger-
darmgeschwüren
nicht eingenom-
men werden.

Ansteigendes Fußbad: Füße in ein Gefäß mit Wasser von zunächst 35 ˚C stellen. Im Verlauf von 25 Minuten die Wassertemperatur durch Abschütten und Nach-gießen langsam auf 42 ˚C steigern. Das Wasser sollte bis etwa zu den Waden reichen.

Magen-Darmstörungen

Quälenden funktionellen Magen-Darmstörungen liegen oft keine organischen Ursachen zugrunde, sondern durch psychische Faktoren oder auch Ernährungsfehler verur-sachte Fehlfunktionen. Diese betref-fen die Bewegungen von Magen und Darm sowie Menge und Zusammen-setzung von Verdauungssäften. An deren Produktion und Bereitstellung sind nicht nur Magen und Darm, son-dern auch Bauchspeicheldrüse, Leber und Gallenblase beteiligt. Fehlfunk-tionen können sich in Druckgefühl, Blähungen, Appetitlosigkeit, Sod-brennen, Durchfall und Verstopfung äußern. Da sich hinter diesen Symp-tomen auch organische Erkrankungen verbergen können, lassen Sie vorab ärztlich abklären, ob Ihre Beschwer-den funktionell bedingt sind.

Folgende Pflanzen wirken lindernd:
1. Bitterstoffpflanzen, wie etwa Löwenzahn, regen das gesamte Ver-dauungssystem an und fördern den Appetit. Tees aus Bitterstoffpflanzen sollten 15 bis 30 Minuten vor den Mahlzeiten genommen werden.
2. Pflanzen, die neben den Bitter-stoffen einen hohen Anteil an ätheri-schen Ölen haben, wirken Blähungen, Krämpfen und Gärungszuständen so-wie einer Besiedlung mit unerwün-schten Keimen entgegen. Beispiele sind Alant, Engelwurz, Lavendel, Indi-anernessel, Ringelblume, Schafgarbe.
3. Schleimhaltige Pflanzen lindern Reizungen: Eibisch.
4. Lauchölhaltige Pflanzen wirken entzündungswidrig, zum Beispiel Bärlauch und Kapuzinerkresse.
Heilende Tees bei funktionellen
Magen- und Darmstörungen
Krampflösend: 20 Gramm Schaf-garbenkraut; 10 Gramm Ringelblu-menblütenblätter; 10 Gramm Melissenblätter; 10 Gramm Blüten der Römischen Kamille.
Anregend für Leber und Galle:
20 Gramm Mariendistelfrüchte; 20 Gramm Löwenzahnwurzel mit Kraut; 10 Gramm Pfefferminzblätter.

Menstruationsbeschwerden

Krampfartige Schmerzen und übermäßig starke Blutungen können sehr unangenehm sein. Weniger beschwerlich sind zu schwache Blutungen. In allen Fällen handelt es sich meist um funktionelle Störungen, eine organische Ursache muss jedoch vom Arzt ausgeschlossen werden.

Folgende Pflanzen wirken lindernd:

Krampflösend: Schafgarbe, Ringelblume.

Blutungsstillend: Hirtentäschelkraut. Einige Tage vor Eintritt der Regel und während der Regel täglich zwei Tassen Hirtentäscheltee trinken.

Bei zu schwacher Blutung: Tee aus Blüten der Römischen Kamille.

Sitzbad gegen Krämpfe

Eine Hand voll Schafgarbenkraut mit 1 Liter kochendem Wasser übergießen. 10 Minuten ziehen lassen, abseihen und dem Badewasser zugeben. Temperatur: 36 bis 38 °C. Dieses Sitzbad vor Eintritt der Regel durchführen. Auch eine Mischung aus 20 g Schafgarbenkraut, 10 g Blüten der Römischen Kamille (oder der Echten Kamille), 10 g Frauenmantelkraut und 10 g Lavendelblüten kann als Sitz- oder Vollbad hilfreich sein.

Herz- und Kreislaufstörungen

Herz- und Kreislauferkrankungen sind Todesursache Nummer eins in Mitteleuropa. Daher muss bei Beschwerden unbedingt die Ursache ärztlich abgeklärt werden. Heilsame Zierpflanzen können auf zwei Gebieten hilfreich sein: bei »nervösen« Herzbeschwerden und bei Durchblutungsstörungen mit Hirnleistungsstörungen. Durchblutungsfördernd wirken die Flavonoidpflanzen Ginko, Hirtentäschelkraut und Bärlauch. Bei leichten nervösen Herzbeschwerden empfiehlt die Volksmedizin Tees aus Borretschblättern und Rosenblütenblättern, bei altersbedingten Herz- und Kreislaufbeschwerden Teemischungen aus Hirtentäschelkraut, Weißdornblüten und Zinnkraut.

Mit Wärmflasche, Ruhe und einem entspannenden Heilpflanzentee lassen sich harmlose Menstruationsbeschwerden häufig ohne Schmerzmitteln vertreiben.

Bei vielen gesundheitlichen Beschwerden bringt ein Tee aus den heilenden Stoffen unserer Zierpflanzen Linderung.

Stress und
Nervosität wirken
sich auch auf den
Zustand Ihrer Haut
schädigend aus.
In solchen Fällen
helfen entspan-
nende Tees aus
Lavendel-, Rosen-
oder Schlüssel-
blumenblüten.

Rosensirup

Unterstützend bei nervösen Herzbeschwerden und Stress:

1 2 Hand voll getrocknete Blütenblätter von Duftrosen wie Essigrose
in ein Gefäß geben und 1/2 Liter ko-
chendes Wasser darüber gießen.
2 24 Stunden zugedeckt ziehen lassen. **3** Abseihen, Rückstände auspressen. **4** Die Flüssigkeit zum Kochen bringen, **5** Auf 40 °C abkühlen
lassen. Abmessen und mit der gleichen Menge Honig verrühren. **6** In
Flasche füllen, verschließen, kühl aufbewahren; täglich in Wasser verdünnt
2 bis 4 Esslöffel einnehmen.

Rheumatische Beschwerden

Mit dem Begriff Rheuma werden verschiedene entzündliche und nicht
entzündliche, oftmals schwer zu dia-

*Löwenzahn wird oft als
Unkraut bekämpft.
Doch sind seine Blät-
ter wegen ihrer ent-
schlackenden Wirk-
stoffe ein bewährtes
Mittel bei rheumati-
schen Beschwerden.*

gnostizierende Erkrankungen der Gelenke, Sehnen und Muskeln bezeichnet. Bei der Behandlung können Heilpflanzen nur unterstützend wirken,
indem sie Stoffwechsel und Ausscheidung des Körpers anregen und Ab-
fallstoffe aus dem Körpergewebe,
insbesondere dem Bindegewebe, be-
fördern. Hilfreich können Frühjahrs-
und Herbstkuren (siehe Seite 87)
sein sowie der Verzehr von Frühjahrs-
gemüse, -salaten und -suppen aus
frischen jungen Blättern und Blüten.
Förderlich ist hier der harntreibende
Löwenzahn (Wurzel und Blätter). Dazu kommen Schlüsselblume (Wurzel)
und Stiefmütterchen (Kraut).

Hautprobleme

Bei Hautproblemen und -erkrankun-
gen unklarer Ursache sollte immer
ärztlicher Rat eingeholt werden. Eine
genaue Diagnose ist wichtig, da sich
hinter Hauterscheinungen oft ernste
Krankheiten verbergen können.

Innerliche Anwendung

Bei Neigung zu Hautunreinheiten
und Ekzemen kann eine Blutreini-
gungskur hilfreich sein, auch das Trinken von Stiefmütterchentee über
einige Wochen (zwei Tassen pro Tag).

Das wilde Stiefmütterchen kann sowohl innerlich wie äußerlich angewendet werden und lindert Akne, Hautunreinheiten oder Ekzeme.

Äußerliche Anwendung

Größere offene Wunden sollten Sie auf keinen Fall selbst behandeln und nicht mit Zubereitungen aus Heilpflanzen in Berührung bringen. Auflagen oder Umschläge mit Heilpflanzentee bieten sich jedoch bei Abschürfungen, leichteren Blutergüssen und Quetschungen sowie Insektenstichen an.

Teeauflagen und Umschläge

In die noch warme oder kalte Flüssigkeit taucht man ein sauberes Leintuch, drückt es leicht aus und legt es auf die zu behandelnde Stelle. Während bei Auflagen nur die erkrankte Stelle mit dem feuchtigkeitsgetränkten Tuch bedeckt wird, umwickelt man bei einem Umschlag oder Wickel damit den ganzen Körperteil. Über das feuchte Tuch kommt ein trockenes Zwischentuch und darüber ein trockenes Wolltuch als Umhüllung.

Heilpflanzen für Teeauflagen

Wundheilend: Ringelblumenblüten, Gänseblümchenblätter und -blüten, Malvenblüten. 4 EL Pflanzenteile mit 1 Liter kochendem Wasser übergießen. 10 Minuten ziehen lassen und abseihen.

Bei Quetschungen/Blutergüssen: Beinwellwurzel (Abkochung, Seite 52).
Bei Insektenstichen: frische Eibischblätter, Hauswurzblättersaft.

Für die erste Hilfe bei kleineren Hautverletzungen und Insektenstichen sind Auflagen mit Heilkräutertees genau richtig.

Register

Impressum

© 2002 W. Ludwig Buchverlag, München, in der Econ Ullstein List Verlag GmbH & Co. KG, München

Redaktion: Dr. Margit Brand

Projektleitung: Antje Eszerski

Redaktionsleitung: Dr. Reinhard Pietsch

Bildredaktion: Sabine Weber

Produktion: Manfred Metzger (Leitung), Annette Aatz

Umschlag: Till Eiden/Jan-Dirk Hansen

Layout: Reinhard Soll

DTP/Satz: Till Eiden

Druck: Weber Offset, München

Bindung: R. Oldenbourg, München

Printed in Germany

Gedruckt auf chlor- und säurearmem Papier

ISBN 3-7787-3921-2

Hinweis für unsere Leser

Das vorliegende Buch ist sorgfältig erarbeitet worden. Dennoch erfolgen alle Angaben ohne Gewähr. Weder Autor noch Verlag können für eventuelle Schäden, die aus den im Buch gemachten Hinweisen resultieren, eine Haftung übernehmen.

Literaturverzeichnis

Bocksch, Manfred: Heilpflanzen. Kennzeichen, Heilwirkung, Anwendung. München u. a.: BLV 1989

Carroll-Spillecke, Maureen (Hrsg.): Der Garten von der Antike bis zum Mittelalter. Mainz am Rhein: Verlag Phillip von Zabern 1992

Ennet, Diether u. Hans D. Reuter: Lexikon der Pflanzenheilkunde. Wirkung, Anwendung, Botanik, Geschichte. Stuttgart: Hippokrates 1998

Kreuter, Marie-Luise: Kräuter & Gewürze aus dem eigenen Garten. Naturgemäßer Anbau, Ernte, Verwendung. 8. Aufl. München: BLV Verlagsgesellschaft 1996

Möhring, Wolfgang: Das große Buch der Heiltees. Die besten Teerezepte für Gesundheit und Wohlbefinden. München: Südwest Verlag 1997

Oertel-Bauer: Heilpflanzentaschenbuch. Das naturgemäße Gesundheitsbuch für jedermann. Völlig neu bearbeitet und ergänzt von Dr. med. Eduard Bauer. 29. Aufl. Kempen-Niederrhein: Thomas-Verlag 1963

Pahlow, Mannfried: Das große Buch der Heilpflanzen. München: Gräfe & Unzer 1993

Schilcher, Heinz: Kleines Heilkräuter-Lexikon. Weil der Stadt: Walter Hädecke Verlag 1996

Siemers, Margret: Gesund mit natürlichen Haus- und Heilmitteln. München: dtv 1995

Weidinger, Hermann Josef: Heilkräuter. Anbauen, sammeln, nützen, schützen. Wien, Heidelberg: Verlag Carl Ueberreuter 1983

Weiss, Rudolf Fritz u. Volker Fintelmann: Lehrbuch der Phytotherapie. 9., korrigierte Aufl. Stuttgart: Hippokrates 1999

Willfort, Richard: Gesundheit durch Heilkräuter. Linz: Trauner 1979.

Über die Autorin

Dr. Gertrud Scherf ist promovierte Biologin und war Lehrerin im Fach Biologie. Als freie Autorin, Redakteurin und Übersetzerin kann sie auf eine Vielzahl von Veröffentlichungen zurückblicken. Ihre bevorzugten Themen sind die Kulturgeschichte von Pflanzen, Heil- und Nutzpflanzen, Tier- und Pflanzenmythologie und allgemeine Themen aus der Biologie. Im W. Ludwig-Buchverlag sind von Dr. Gertrud Scherf u. a. die Titel »Gesundheit von der Fensterbank«, »Der Gewürzkräutergarten« und »Pflanzen vermehren« erschienen.

Bildnachweis

AKG, Berlin: 6, 9, 24, 25, 27; Fotoarchiv, Essen: 5 (Andreas Riedmiller); IFA-Bilderteam, München: 10, 32, 36, 91 (IPS); Image Bank, München: Titel / 35 (Brigitte Lambert); Laux Botanik-Bildarchiv, Biberach a. d. Riß: 1, 11, 12, 14, 15, 16, 21, 42, 44, 46, 47, 48(2), 49, 50 o., 51, 52 u., 53, 54(2), 55, 56, 57, 58(2), 59(2), 60(2), 62 u., 63, 64(2), 66, 67, 68, 69, 70 u., 71, 72(2), 73, 74, 75, 76(2), 77 u., 78(2), 79, 82, 83, 93; Photonica, Hamburg: U2 / U3 (Shinichi Eguchi); Südwest-Verlag; München: 4, 23, 29, 30, 43, 80, 85, 87, 88, 90 (Barbara Bonisolli), 8, 62 o. (Karl Newedel), 18, 81 (Siegfried Sperl), 22, 38, 45(2), 65, 70 o., 92 (Joachim Heller); Wildlife, Hamburg: 50 u., 52 o., 77 o.; Zefa, Düsseldorf: 9 (Zettl), 31 (B. Sporrer), 34 (Emely), 37 (Allofs), 40 (Heintges)